Museo Salvatore Ferragamo

AudreyHepburn

una donna, lo stile   **a woman, the style**

a cura di / edited by

Stefania Ricci

Leonardo Arte

**Audrey Hepburn
una donna, lo stile
*a woman, the style***

Sidney
Powerhouse Museum
6 dicembre 1999 –
26 marzo 2000

*Sydney
Powerhouse Museum
6 December 1999 –
26 March 2000*

una mostra dal
an exhibition from
Museo Salvatore
Ferragamo

in collaborazione con
in collaboration with
Audrey Hepburn
Children's Fund,
Los Angeles
La Fondation Audrey
Hepburn Pour l'Enfance
Desheritée

presentato da
presented by
Powerhouse Museum
in associazione con
in association with
Museo Salvatore
Ferragamo;
The Australian Women's
Weekly

sostenuto da
supported by
Qantas Airways
Radio Talkback 2UE

**Museo
Salvatore
Ferragamo**

Direttore
Director
Stefania Ricci

Relazioni esterne
Public Relations
Giovanna Gregori

con *with*
Raffaella Spadoni
Francesca Luchini
Beatrice Malvisi
Letizia Campana

Ufficio stampa Italia
Press office, Italy
Federica Sordi

Supervisione tecnica
Technical direction
Aldo Innocenti

Segreteria organizzativa
Secretarial assistants
Chiara Casalotti

**Catalogo a cura di
*Catalogue curated by***
Stefania Ricci

Progettazione grafica
e redazione
*Editorial design
and editing*
Matilde Contri
Maria Pia Toscano

Mostra a cura di
Exhibition curated by
Stefania Ricci
Gianluca Bauzano

Ideazione scenografica
Production designer
Maurizio Balò

Con la partecipazione
creativa di
*With the creative
participation of*
Marina Abramović
Arman
Louise Bourgeois
Christo
Enzo Cucchi
Franco Fontana
Yasumasa Morimura
Kenny Scharf
Andres Serrano
Daniel Spoerri
Lawrence Weiner

Assistenza scenografica
*Assistant to the
production designer*
Davide Amadei
Giovanni Cerea

Ricerca e progettazione
film
*Film research
and art direction*
Daniele Tommaso
Donatella Scilla

Fotografie
Photographs
Roberto Quagli

Assistenza fotografica
*Assistant to the
photographer*
Paolo Cappelli

Montaggio film
e video
*Film and video
editing*
Videocast

Allestimento
Installation
Studio pubblicitario
Maurizio Pozzi
Natali Multimedia

Pannelli fotografici
Photographic panels
Studio 72

Luci
Lights
Lucilla Baroni

Trasporti
Transport
Saima Avandero

Assicurazione
Insurance
Llyod's London

Montaggio costumi
Costume installation
Orlando Fusi

Archivi filmati
Film Archives
ABC Videosource,
New York
British Pathé, London
Istituto Luce, Roma
Sherman Greenberg,
New York

Archivi fotografici
Photographs Archives
AFE di Pietro Servo,
Roma
Hulton Getty, London
Farabolafoto, Milano
Granata Press Service,
Milano
Time Life Syndication,
New York
UNICEF Photography
Unit, Division of
Communication,
New York
The Kobal Collection,
London

Il ricavato della mostra
sarà destinato alla
costruzione di un
centro, l'Audrey
Hepburn Children's
House, nel New Jersey
in USA, specializzato
in problematiche
riguardanti abusi
sui minori.
Una percentuale
sull'acquisto di questo
catalogo sarà devoluta
allo stesso scopo.

*The proceeds from
the exhibition will be
destined for the
construction of a
pediatric centre in New
Jersey in the United
States, called Audrey
Hepburn Children's
House, specialized in
problems regarding
abuse of minors.
A royalty on the sale
of this catalogue will
be donated to the same
fund.*

Questa mostra, dedicata a Audrey Hepburn, è nata dal desiderio di Fiamma di San Giuliano Ferragamo, presidente del Museo Salvatore Ferragamo, scomparsa il 28 settembre 1998, di rendere omaggio non solo all'attrice di primo piano e ad un mito dello stile internazionale, ma anche ad una persona che ha dimostrato una grande umanità nel dedicarsi con tanto impegno e amore alla causa dell'Unicef.

Ringraziamo prima di tutti Sean Hepburn Ferrer per la fiducia che ha dimostrato in questa iniziativa e per aver concesso di entrare nell'intimità della sua famiglia, mettendo a disposizione di questa mostra e di questo libro i ricordi della vita di sua madre, le fotografie, i film, gli abiti e gli accessori personali.

Ringraziamo Gianni Salvaterra per il prezioso aiuto, sia materiale sia morale, alla finalizzazione di questo progetto. È a lui che si deve l'idea di far realizzare le dieci repliche della forma in legno del piede di Audrey Hepburn, creata da Ferragamo negli anni Cinquanta, e di farle elaborare da dieci artisti contemporanei di fama mondiale e da un fotografo-artista del valore di Franco Fontana. È dalla sua inesauribile passione per l'arte contemporanea che è maturata la rosa dei nomi degli artisti e il loro contributo.

Ringraziamo Gianluca Bauzano, Valentina Cortese, Hubert de Givenchy, Bob Willoughby, Robert Wolders per la stesura dei testi. Il testo di Billy Wilder è tratto dal documentario *Audrey Hepburn Remember*, scritto da Gene Feldman e Suzette Winter e diretto da Gene Feldman nel 1993.

Ringraziamo Hubert de Givenchy, la Emilio Pucci s.r.l., Ken Scott, la Maison Givenchy, la Paramount Pictures di Los Angeles, Cristina Pucci di Barsento, Natalia Strozzi, The Collection di Los Angeles, Valentino, la Warner Bros. Studios Facilities di Los Angeles e la Western Reserve Historical Society di Cleveland per il generoso prestito degli abiti privati e di scena, che costituiscono il punto focale di questa mostra.

Ringrazio Andrea Croci per il prestito di documenti e dei manifesti dei film e Giorgio Notari per la famosa Vespa di *Vacanze romane*.

Ringraziamo inoltre tutti quei collaboratori che con la loro professionalità e dedizione hanno reso possibile la realizzazione sia della mostra che di questo catalogo.

This exhibition, dedicated to Audrey Hepburn has been organized at the express wish of Fiamma di San Giuliano Ferragamo, president of the Museo Salvatore Ferragamo, who died on 28 September 1998. It was her desire to pay tribute to both a great actress and an international symbol of style but also to a person who revealed warmth and humanity in her dedicated work for Unicef.

First of all we extend our thanks to Sean Hepburn Ferrer for his support of the exhibition and this book and for the willingness with which he has shared with us various aspects of his mother's life: photographs, films, clothes and her personal accessories.

We should also like to express our gratitude to Gianni Salvaterra for his unstinting support, both material and moral, towards the realization of this project. It was his idea to produce the ten replica lasts of Audrey Hepburn's foot, the original was made by Salvatore Ferragamo in the 1950s, and to have them decorated by ten contemporary artists of international renown and recorded by the photographer Franco Fontana. His inexhaustible enthusiasm for contemporary art encouraged the artists in their generous commitment to this venture.

We are also most grateful to Gianluca Bauzano, Valentina Cortese, Hubert de Givenchy, Bob Willoughby and Robert Wolders for their contributions. Billy Wilder text is taken from *Audrey Hepburn Remember*, written by Gene Feldman and Suzette Winter and directed by Gene Feldman in 1993.

Hubert de Givenchy, Emilio Pucci s.r.l., Ken Scott, Maison Givenchy, Paramount Pictures of Los Angeles, Cristina Pucci di Barsento, Natalia Strozzi, The Collection of Los Angeles, Valentino, Warner Bros. Studios Facilities of Los Angeles and the Western Reserve Historical Society of Cleveland for their generous donations of private and stage clothing, the primary focus of the exhibition.

Andrea Croci has kindky lent documents and posters relating to the films while Giorgio Notari provided the famous Vespa from *Roman Holiday*.

We are indebted to these and to all those whose expertise and dedication have contributed to the realization of the exhibition and the catalogue

Si ringraziano inoltre / *We also wish to thank*:

Francesco Antonucci; Leith Adams, Director Corporate Archive, Warner Bros. Studios Facilities, Los Angeles; Sue Berry, Curator of Costume and Textiles, Western Reserve Historical Society, Cleveland; Giovanna Brocca; Dilys E. Blum, Curator, Costume and Textiles, Philadelphia Museum of Art; Maurizio Catellan; Louise Coffey-Web, Curator, FIDM Museum & Library Foundation Inc., Los Angeles; Silvano Campeggi; Giovanni Cerea; Ron Coury; Sylvie De Micheaux, Curatore dell'Archivio Ken Scott, Milano; Linda Finnegan, Executive Director, Audrey Hepburn Children's Fund, Los Angeles; Erin Fairchild, Valentino, Roma; John Ferris, Executive Director Production Services, Paramount Pictures, Los Angeles; C. Hugh Hildesley, Executive Vice-President, Sotheby's, New York; Susy Gandini; Gerson, Amsterdam; Dale Carolyn Gluckman, Curator, Department of Costumes and Textiles, Los Angeles County Museum of Art; Leslie Johnsen, Maison Givenchy, Paris; Mylène Lajoix, Responsable des Archives Givenchy, Paris; Grazia Martino, Curatore dell'Archivio Valentino, Roma; Dionne Mans, Masterpiece Int'l Shipping, Los Angeles; Larry McQueen; Mary Jo Miszelow; Jacqueline Montgomery, Curatorial Associate, The Museum at the Fashion Institute of Technology, New York; Franca Price, Directeur de La Fondation Audrey Hepburn Pour l'Enfance Desheritée, Tolochenaz; Marta Pulini; Sandra L. Rosenbaum, Curator in Charge, Doris Stein Research Center for Costumes and Textiles, Los Angeles County Museum of Art; Philippe Venet; Pat Welch, Assistant Manager Costume Department, Warner Bros. Studios Facilities, Los Angeles; Jonathan Zilli, Vice-President, Viacom, Los Angeles; Carlo Zucchini.

Un ringraziamento speciale a / *Special thanks to*:

The Kobal Collection di Londra per la concessione gratuita dell'immagine della mostra.

The Kobal Collection of London for permission to use the exhibition image.

PRESENTAZIONE

Stile è un termine complesso dai molti significati. Riferito a mia madre, Audrey Hepburn, è l'irradiazione di una bellezza interiore fondata su una vita di disciplina, sul rispetto degli altri e sulla fiducia nell'umanità. Mia madre amava indossare abiti dalla linea sobria ed elegante, perché credeva nel potere delle cose semplici. Se i suoi abiti appaiono senza tempo, è perché dava importanza alla qualità. Se ancora oggi è considerata il simbolo dello stile, è perché quando trovò il suo modo di vestire e di essere, lo conservò tutta la vita. Non seguiva le mode, non si reinventava ad ogni stagione. Amava la moda, ovviamente, ma la considerava solo un mezzo per migliorare il proprio aspetto. Metteva in pratica lo stesso codice vestimentario, se mai ne è esistito uno, del gentiluomo inglese. Conviene essere vestiti sotto tono piuttosto che con un lusso eccessivo. Meglio non attirare gli sguardi. La sobrietà è preferibile all'ostentazione. Il vestito di poco prezzo alla lunga risulta più costoso; mentre l'abito di pregio finisce per essere più economico. Meglio comprare un paio di scarpe che durino a lungo e che calzino bene (sempre mezza taglia in più) piuttosto che molte paia che hanno vita breve. È importante avere cura del proprio abbigliamento, perché sull'aspetto esteriore si basa la prima impressione che si dà agli altri.

Quando si mostrava in pubblico non sembrava mai dire "guardatemi", ma bensì "eccomi... non sono migliore di voi". Era il suo credo sincero. Non si considerava un essere speciale o diverso; lavorava sodo ed era sempre piacevole e professionale. Il suo stile è stato l'espressione di ciò che era profondamente e che ha suscitato intorno a lei una profonda ammirazione: è stato lo stile di una persona onesta e genuina al cento per cento, non il frutto di una trovata pubblicitaria.

Billy Wilder, suo grande amico oltre che straordinario regista cinematografico, ha trovato le parole migliori per definirla: "Dio la baciò sulla guancia... e fu creata".

Desidero esprimere la mia profonda gratitudine a Wanda Ferragamo. La sua guida, le sue intuizioni e i suoi ricordi hanno reso possibile questa straordinaria retrospettiva. Ringrazio la sua famiglia che l'ha sostenuta in questo nobile sforzo che susciterà le emozioni di tante persone.

Grazie anche a Stefania Ricci che ha non solo dimostrato un magnifico talento, ma ha prodigato un amore e una cura particolare nella creazione di questa mostra. Grazie a tutta la sua squadra, a Gianluca Bauzano, a Maurizio Balò e a Daniele Tommaso, per il loro infaticabile lavoro e la sincera dedizione.

Grazie a Gianni Salvaterra. Sei stato il primo a varcare l'Oceano per esporci l'idea di questa iniziativa e hai offerto il tuo generoso impegno. Grazie a Bernadette Beglin per la sua iniziale intuizione. Grazie a Linda Finnegan per il tempo che ha dedicato giorno per giorno a crescere e a nutrire questo bambino che è l'Audrey Hepburn Children's Fund. Grazie ai membri del consiglio, Paul Alberghetti, Kirk Hallam, Michael Rosenfeld e Robert Wolders, a mia moglie Leila, a mia figlia Emma, a mio fratello Luca e ad Astrid. I vostri suggerimenti e la vostra attenzione come la vostra saggezza e il duro lavoro hanno reso possibile la nascita e lo sviluppo di questa preziosa organizzazione. E grazie a te Robbie, che sei stato il vero ideatore del Fondo.

Desidero infine ringraziare Hubert de Givenchy e Philippe Venet. Hubert, i tuoi vestiti ancora oggi testimoniano l'amore che hai condiviso con mia madre lungo il sentiero delle vostre vite. Una volta lei mi ha detto che le tue straordinarie creazioni erano vere e proprie armature d'amore, perché rappresentavano, attraverso la tua firma, tutto di te.

Sean Hepburn Ferrer

PREFACE

Style is a word we use often and for a multitude of purposes. In the case of my mother, Audrey Hepburn, it was the extension of an inner beauty held up by a life of discipline, respect for the other and hope in humanity. If the lines were pure and elegant it was because she believed in the power of simplicity. If there was timelessness it was because she believed in quality and if she still is an icon of style today it is because once she found her look she stayed with it throughout her life. She dind't go with the trends, didn't reinvent herself every season. She loved fashion but kept it as a tool to compliment her look.

In effect she used the same unspoken dress codes, if there are any, that an English Gentleman would use. Better always to be underdressed than overdressed. Don't attract attention. Less is more. What is cheap, ends up being expensive and what is expensive ends being cheap; better to buy one good pair of shoes that will last and that fit (always a half size larger) than several pairs that won't last. Take good care of your clothes because they are the first impression of you. So when she appeared it didn't scream out "look at me" but "this is me... no better than you". And she truly believed in that. She didn't see herself as anything special or unusual. Which is why she worked so hard and was always pleasant and professional. Her style was just an extension of who she was. The person we all admired because down deep we knew that we saw was not just clever packaging but an honest and 100% genuine human being.

Billy Wilder, her great friend and extraordinary director, said it best: "God kissed her on the cheek... and there she was".

Thank you Mrs. Wanda Ferragamo. The combination of your leadership, vision and tender memories have made this extraordinary retrospective a reality. Thank you to your family who has surrounded you and supported this pure and noble effort that will touch the lives of so many in such diverse fashions.

Thank you Stefania Ricci. You have not just waved the magic wand of your talent but also poured so much love and affection into this creation. Thank you to your crew, Gianluca Bauzano, Maurizio Balò and Daniele Tommaso, for their tireless work and dedication.

Thank you Gianni Salvaterra. You were the first to cross the Ocean with a vision and have truly honored us with your selfless efforts. Thank you Bernadette Beglin for having the initial spark and taking the time to see it through. Thank you Linda Finnegan for day after day growing and nurturing this starry eyed child that is the Audrey Hepburn Children's Fund. Thank you to my board of Directors, Paul Alberghetti, Kirk Hallam, Michael Rosenfeld and Robert Wolders, my wife Leila, my daughter Emma, Luca and Astrid, your inspiration and care as well as your wisdom and hard work built this valuable organization. And Robbie you truly are the father of this Fund.

And finally, thank you Hubert de Givenchy and Philippe Venet. Hubert, the dresses still glow with the love you shared with Mummy along the path of your lives. She once said that your beautiful creations weren't just carefully layered pieces of valuable cloth, but armors of love because they were from you.

Sean Hepburn Ferrer

SOMMARIO ■ CONTENTS

BUON COMPLEANNO AUDREY

Stefania Ricci

"I bambini sono la nostra riserva più importante, sono la speranza per il futuro. Fino a che non saremo in grado di assicurare ai bambini nei loro primi fragili anni di vita non solo la mera sopravvivenza, ma una vita libera dagli abusi fisici e psicologici, è impossibile aspirare ad un mondo libero dalle tensioni e dalla violenza. È una nostra precisa responsabilità trasformare questo in realtà."

Audrey Hepburn

Il 14 maggio 1999 Audrey Hepburn avrebbe avuto settanta anni. Le rendono omaggio una mostra a Firenze al Museo Salvatore Ferragamo e una cena di gala a New York, durante la quale sono battute all'asta dal vice-presidente esecutivo di Sotheby's, C. Hugh Hildesley, dieci repliche della forma di legno originale del piede di Audrey Hepburn, realizzata da Salvatore Ferragamo negli anni Cinquanta. Le riproduzioni in legno sono decorate o dipinte da dieci artisti contemporanei di fama mondiale, Marina Abramović, Arman, Louise Bourgeois, Christo, Enzo Cucchi, Yasumasa Morimura, Kenny Scharf, Andres Serrano, Daniel Spoerri, Lawrence Weiner, che si sono ispirati ognuno ad un film dell'attrice. Franco Fontana ha eseguito un portfolio in serie limitata di fotografie artistiche delle dieci opere.

Tutto questo è stato pensato e organizzato per beneficenza. L'introito della mostra, i biglietti per partecipare alla serata di gala, il risultato dell'asta vengono devoluti all'Audrey Hepburn Children's Fund, ente presieduto dal figlio maggiore dell'attrice, Sean Ferrer. L'organizzazione americana insieme alla fondazione in Svizzera, con sede a Tolochenaz, il paese dove Audrey viveva, sono nate per continuare la missione di Audrey Hepburn in difesa e in aiuto dei bambini maltrattati e sofferenti di tutto il mondo, impegno che ha occupato gli ultimi anni della sua vita.

L'obiettivo da raggiungere è la costruzione di un centro pediatrico, specializzato in problematiche riguardanti abusi sui minori, che porterà il nome dell'attrice. Situato presso la clinica universitaria di Hackensack, ad Hackensack nel New Jersey, uno dei migliori ospedali pediatrici d'America, l'Audrey Hepburn Children's House sarà un centro modello, provvisto non solo di apparecchiature per le cure e di sale per i degenti, ma fornito di un parco giochi, di strutture per lo svago e l'educazione e di un servizio di assistenza sociale e psicologica. Saranno accolti anche pazienti indigenti e i genitori potranno contare su un piano di accoglienza per poter rimanere accanto ai loro figli e seguirli nelle terapie.

Il legame tra Audrey Hepburn e Ferragamo risale al 1954, quando la giovane attrice, reduce dal suo primo Oscar per *Vacanze romane*, si era recata a Firenze per farsi fare su misura alcuni modelli di scarpe da colui che era considerato il 'gota'

L'immagine coglie la sofisticata bellezza di Audrey, quale viene proposta da Stanley Donen nel film *Cenerentola a Parigi*, del 1957, forse in assoluto il film che consacra la sua eleganza e il suo stile. The picture captures Audrey's sophisticated beauty, as presented by Stanley Donen in the film *Funny Face* of 1957, of all her films perhaps the one that best displays her elegance and style.

della calzatura italiana, Salvatore Ferragamo, il 'calzolaio delle dive'. Audrey, nel pieno della sua incantevole bellezza, era
accompagnata da una meno giovane e bella, ma affascinan-
te, Anita Loos, uno dei più sorprendenti fenomeni della lette-
ratura americana minore del nostro secolo, che era divenuta
famosa per il libro *I signori preferiscono le bionde,* dal quale
era stato tratto un film con Marilyn Monroe l'anno prima.

La sofisticata Audrey era sicuramente l'esatto opposto di Marilyn Monroe, sex symbol di quegli anni, dall'aspetto procace,
i capelli biondo platino, lo sguardo seducente. Si era imposta
all'attenzione del pubblico per il fisico snello da modella, la
postura perfetta, un modo di muoversi aggraziato, un'eleganza
za innata, a cui nulla aggiungevano gli abiti di alta moda che
indossava, una faccia insolita nel cinema americano, da mo-
nello, con occhi da cerbiatto e un sorriso irresistibile, che aveva conquistato subito Wyler nel provino per scegliere la protagonista del suo nuovo film accanto a Gregory Peck.

Era un nuovo modello di donna, che si differenziava sia dalla
bomba di sesso, la maggiorata, che dalle brave ragazze della porta accanto nello stile Doris Day. La sua maliziosità innocente piaceva agli uomini, ma veniva tollerata e ammessa anche dalle donne. Il ruolo interpretato nel film di Wyler, della
principessa che diventa per pochi giorni una ragazza qualunque, soggetta all'amore e alle sofferenze, aveva conquistato il
pubblico femminile di tutto il mondo. *Sabrina*, poi, il film che la
consacra definitivamente come una star, è la storia di una novella Cenerentola che conquista il burbero miliardario (Humphrey Bogart),
che da ragazzina di provincia, piena di
sogni ma nessuna qualità, diventa una raffinata donna, vestita dall'allievo più brillante di Balenciaga, Hubert de Givenchy.
Salvatore Ferragamo, partendo come sempre dai piedi delle
sue clienti, dà nell'autobiografia un ritratto di Audrey che le sta
a pennello e che molti altri, in modi diversi, confermeranno: "Il
piede lungo e sottile di Audrey Hepburn – scrive – è perfettamente proporzionato alla sua statura. È una vera artista ed
una vera aristocratica. Lo so anche se non l'ho mai vista sullo
schermo (appena un suo film arriva a Firenze mia moglie si
precipita a vederlo con le figlie senza aspettare che l'accom-
pagni). Audrey è sempre naturale senza l'ombra di affettazio-
ne sia che reciti, sia che comperi scarpe o borse. Può parlare
con competenza di filosofia, arte, astronomia, teatro. Secondo
la mia opinione, appartiene alla stessa aristocratica tradizione
anglo-scandinava che cominciò con Greta Garbo e continuò
con Ingrid Bergman".

E tra i cosiddetti piedi aristocratici, insieme a quelli di Eleonora Duse, Greta Garbo, Katherine Hepburn, Colette Machard,

La giornata di Audrey Hepburn a Firenze nel 1954 a Palazzo Spini Feroni, nel cuore dell'atelier di Salvatore Ferragamo. Audrey è accompagnata da Anita Loos, la scrittrice americana famosa per il libro *Gli uomini preferiscono le bionde*.

The day Audrey Hepburn spent in Florence in 1954 at Palazzo Spini Feroni, in the heart of the workshop of Salvatore Ferragamo. With Audrey is Anita Loos, the American author famous for her novel *Gentlemen Prefer Blondes*.

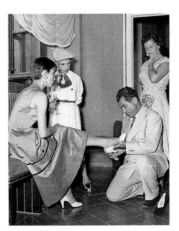

Ingrid Bergman, la regina d'Italia Maria Josè e l'ex regina di Romania, Lauren Bacall e la duchessa d'Aosta, Salvatore Ferragamo classifica il 7 e mezzo AAA del piede di Audrey Hepburn, lungo e magrissimo, esile come il suo fisico.

La giornata che segna l'incontro con Ferragamo segue le tappe di un rituale: l'arrivo al medievale Palazzo Spini Feroni nel centro di Firenze, la folla dei fotografi e dei curiosi che assistono all'arrivo dell'attrice e ne aspettano l'uscita. Salvatore le racconta la storia della sua vita, il successo dopo un'infanzia povera, e le mostra con orgoglio i saloni magnificamente arredati con mobili del Cinquecento, dove ha ambientato il suo atelier-laboratorio di calzolaio, come amava definirsi. Le indica le ultime creazioni, le prende le misure del piede, per poi fare la forma di legno sulla quale creare infiniti modelli di scarpe, quella stessa forma che oggi undici artisti hanno rinterpretato. Audrey sceglie i modelli, ne prova alcuni, ordina molte calzature. Assiste in disparte la signora Ferragamo, curiosa e ansiosa di conoscere la giovane celebrità. La invita al Palagio, la villa rinascimentale di Ferragamo sotto la collina di Fiesole, per una colazione non troppo formale, ma un po' impacciata, nonostante la gentilezza dell'ospite, e che si trasforma in un vero disastro quando il cameriere, soggiogato dalla bellezza di Audrey, fa cadere le posate provocando il silenzio tra i presenti e un vero imbarazzo nella padrona di casa.

"Mi sono sentita morire per la brutta figura – ricorda Wanda Ferragamo – ed ero pronta a fulminare con lo sguardo lo sprovveduto cameriere. Ma la grande cortesia ed educazione della Hepburn mi hanno aiutato moltissimo. Ha continuato a sorridere e a parlare come se niente fosse stato, senza fare il minimo accenno a quanto era accaduto né con un moto del corpo, né con un cambiamento di espressione. Quando molti anni dopo abbiamo ricordato l'episodio, ne abbiamo riso insieme. Era una persona squisita, sensibile e raffinata, bella dentro quanto fuori.

Più volte ho avuto modo di rincontrarla a cene ufficiali alle quali eravamo state entrambe invitate come ospiti d'onore. Ho sempre ammirato non solo la sua classe, l'eleganza e la bellezza, rimasta invariata negli anni, ma soprattutto la disponibilità verso gli altri. Veramente una grande donna".

Per lei Salvatore creò alcune calzature che sono rimaste nella storia della scarpa e in quella personale di Ferragamo tra le più significative: una serie di modelli a tacco basso, molto semplici, tra i quali una ballerina con piccolo laccio e suola a conchiglia, come omaggio alla sua trascorsa carriera di danzatrice classica, e una scarpa in camoscio nero con tacco rotondo, piccola fibbia laterale e punta leggermente rialzata:

una linea essenziale, con un tocco di originalità. Tra le scarpe ordinate da Audrey Hepburn in quel lontano 1954 è una scarpa chiusa in camoscio rosso bordeaux, nella quale veniva sperimentato uno dei brevetti più importanti di Ferragamo, il 'gloved arch'. La tomaia riveste anche il fiosso, sotto l'arco del piede, di solito occupato dalla suola di cuoio, e diventa un modello lineare, privo di decorazioni, ma raffinato, morbido e docile come un guanto.

Dopo la morte di Ferragamo, Audrey Hepburn ha continuato ad ordinare gli stessi modelli a tacco basso, e molti mocassini, disegnati dalla figlia di Salvatore, Fiamma. Faceva i suoi acquisti soprattutto nel negozio di Roma in via Condotti. È rimasta sempre una fedele cliente, legata alla famiglia Ferragamo e da Wanda Ferragamo e dai suoi figli considerata la cliente ideale, il punto di riferimento di uno stile che non tramonta mai; ammirata per la semplicità, l'assenza di protagonismi, l'impegno verso gli altri.

Sono queste le motivazioni più vere che hanno spinto la Sal-

La Hepburn nel 1955 insieme a Grace Kelly è in attesa di sapere a chi andrà l'Oscar per la migliore attrice protagonista del 1954. Audrey ricevette solo la nomination per il ruolo di Sabrina, mentre a Grace Kelly andò il premio come interprete di *La ragazza di campagna*.
Hepburn in 1955 together with Grace Kelly waits to know who will receive the Oscar for leading actress of 1954. Audrey won only a nomination for her performance *Sabrina*, while Grace Kelly took the award for *The Country Girl*.

Le riviste più importanti del mondo hanno dedicato più volte la loro copertina ad Audrey Hepburn, riconoscendone la grande fotogenia e la capacità di proiettare un'immagine di stile sempre nuova e attuale.

The world's leading magazines have often devoted their covers to Audrey Hepburn, in recognition of her highly photogenic qualities and her ability to project an image that is always fresh and up to date.

vatore Ferragamo e il suo museo ad un'operazione così complessa come questo intero progetto e ad una mostra su di lei, mai realizzata prima, almeno in questa completezza. Non è stata però un'impresa facile. Non sono molte le attrici di cinema che possono vantare di essere state così universalmente amate come Audrey Hepburn. Ma parlare di lei non è né ovvio né semplice.

Audrey non può essere considerata un mito del grande schermo nel senso più comune. Nella definizione di mito c'è sempre qualcosa di negativo, un lato oscuro nel quale ognuno di noi può rispecchiare le piccole o grandi sventure che accompagnano la vita, le debolezze e le perversioni. James Dean e Marilyn Monroe attraggono per il carattere ambiguo della loro personalità, la sensualità tormentata, la grande fragilità. Nella

biografia di Audrey non ci sono storie di alcol, droghe, scandali, né soprattutto una fine prematura, tragica e violenta. Il successo senza ombra, la normalità, anche se quella di una star, interessano a pochi. Le principesse annoiano se non hanno alle spalle un'infanzia o un passato da Cenerentole maltrattate e infelici.

Come spiegare quindi che Audrey Hepburn sia tutt'oggi un'attrice tanto ammirata e conosciuta dal pubblico di tutte le età? Come giustificare che alcuni suoi film, come *Sabrina* e *Colazione da Tiffany*, più che quarantenni, siano ancora considerati fra quelli che hanno segnato un'epoca e che vale la pena di rivedere? La risposta è solo una: Audrey. Nella storia del cinema ci sono state bellezze più perfette e talenti più spiccati. Ma nessuno come lei. Il suo volto così espressivo, dai grandi occhi e dal sorriso immediato, la naturalezza e la grazia, il modo di camminare annullando il peso del corpo, la classe innata sono inimitabili. Come sono unici il carisma e lo spessore umano che traspaiono da tutta la sua vita, dalle interviste e soprattutto dalle coraggiose scelte.

All'apparenza e per quello che dai giornali è stato scritto, Audrey Hepburn è stata una donna baciata dalla fortuna fin dall'inizio, e non soltanto perché madre natura l'aveva dotata di una bellezza tutta speciale e senza tempo, di quel certo non so che indefinibile, come avrebbero detto i teorici estetici del Rinascimento.

Figlia di una madre che proveniva da una delle famiglie nobili più antiche di Olanda e di un padre banchiere, Audrey aveva trascorso l'infanzia a Bruxelles in un ambiente agiato e protetto, dove aveva ricevuto un'ottima educazione e una buona

cultura. Giovanissima, a soli ventiquattro anni, nel 1953 era arrivata al successo senza avere alle spalle una grande esperienza cinematografica. Aveva subito conquistato l'Oscar con il suo primo film come attrice protagonista. Un traguardo che non molti possono dire di avere ottenuto.

Nella sua carriera ha lavorato con i registi più famosi del cinema americano, è stata amatissima dai colleghi – attrici comprese – e da tutti coloro che hanno avuto modo di lavorare con lei e di conoscerla. È stata vestita per tutta la vita dai grandi nomi dell'alta moda che ne riconoscevano la modella ideale.

Ha avuto una vita privata soddisfacente, con due mariti, Mel Ferrer e Andrea Dotti, e due figli, Sean e Luca; un compagno, Robert Wolders, che ha diviso con lei gli ultimi dodici anni e l'infaticabile lavoro per l'Unicef.

Pochi sanno che anche per Audrey Hepburn non sono sempre state rose e fiori, che ha dovuto presto sperimentare un'infanzia turbata dal divorzio dei genitori, dalla fuga del padre, dagli orrori della guerra e del nazismo.

Durante la guerra, ha sofferto duramente la fame in Olanda, la patria d'origine materna, nella quale lei e la madre erano tornate ad abitare dopo il divorzio. Le conseguenze di questo periodo su un fisico già costituzionalmente fragile le avrebbe portate tutta la vita.

Ha vissuto da vicino l'olocausto di tanti amici e compagni di scuola in un paese tra i più colpiti dalla follia nazista, rimanendone così segnata che non ha mai accettato di interpretare il ruolo di Anna Frank, per non rivivere quei brutti ricordi. Ha combattuto contro il nazismo, aiutando i partigiani, portando i loro messaggi, che nascondeva nei tacchi delle scarpe, a rischio della vita.

Ha lavorato sodo, facendo mille lavori per continuare gli studi di ballerina classica, alla cui professione si sarebbe dedicata se l'eccessiva altezza – un metro e settantasei – non le avesse fatto capire che non sarebbe mai stata una danzatrice di primo livello. Aveva ripiegato sul teatro e sul cinema, senza avere nemmeno la più pallida idea di quanto eccezionale sarebbe stato il suo futuro.

Se era diventata velocemente una star con l'interpretazione di *Vacanze romane*, è riuscita a mantenersi sulla cresta dell'onda grazie ad una grande professionalità e alla capacità di lavorare senza risparmiarsi, cercando di lasciare spazio alla propria vita personale, alla famiglia e ai figli.

Anche in questo campo non è stata una facile discesa. Non è riuscita a coronare il sogno di perfezione e di armonia che tutti abbiamo. Due divorzi sono la prova di disagi, di rimpianti e di dolori. E la morte è giunta troppo presto, a soli sessantatré anni, a liberarla da un male subdolo e non in tempo diagnosticato.

Niente di più, tuttavia, è trapelato sulla vita di Audrey Hepburn, oltre l'indispensabile e l'inevitabile. La mancanza di pettegolezzi, di chiacchiere, nonostante che sia stata una delle attrici in assoluto più fotografate del nostro secolo, è merito di un carattere schivo, riservato, che ha difeso la sua privacy, il passato, i figli; di una personalità che ha sempre avuto in antipatia i clamori e gli eccessi, di solito così cari alle star, che le ha fatto privilegiare un piccolo e incantevole paesino della Svizzera, Tolochenaz, dopo un lungo periodo nella Roma dei paparazzi.

Quello che una diva del cinema teme, Audrey amava più di tutto: essere ignorata, libera di andare a fare la spesa al supermercato, senza che nessuno la fermasse e le chiedesse un autografo.

Il genere di abbigliamento proposto da Audrey Hepburn nei suoi film influenzò moltissimo la moda del periodo. In alto un gruppo di indossatrici imitano la *Sabrina* di Billy Wilder. In basso la collezione di Dior del 16 luglio 1962. La pettinatura delle modelle ricorda Holly di *Colazione da Tiffany*.
The style of dress featured by Audrey Hepburn in her films strongly influenced the fashion of the period. Above: a group of models imitates Billy Wilder's *Sabrina*. Below: the Dior collection July 16 1962. The hairstyle of the models recalls Holly in *Breakfast at Tiffany's*.

È rimasta, e lo è ancora, proverbiale la sua eleganza impeccabile e aristocratica, fondata, come avrebbe detto Lord Brummel, proprio su quello che non si vede, sull'assenza di orpelli e di eccessi. Il suo fisico asciutto, quasi da adolescente, le ha facilitato il compito. Ma il suo stile non è basato solo sull'apparenza. Tutti coloro che l'hanno conosciuta e vestita, a cominciare da Givenchy, che le era grande amico, e come abbiamo visto da Ferragamo, dal primo incontro hanno avvertito in lei delle qualità speciali, che andavano oltre l'esteriorità, ma che erano qualità umane, un modo di relazionarsi con gli altri senza forzature, senza imbarazzi o atteggiamenti aggressivi.

La sua spiccata personalità non poteva non interagire sul modo di vestire. Il sodalizio con Givenchy risale al periodo del film *Sabrina*. Il grande aristocratico della moda ha creato per lei abiti indimenticabili, che sono passati alla storia e che tutti hanno copiato. Ma è difficile dire quanto Givenchy abbia influenzato l'eleganza di Audrey, o Audrey lo stile di Givenchy. Senza togliere nulla agli straordinari capi del sarto francese e a quelli di un Valentino, che l'ha avuta tra le sue clienti alla fine degli anni Sessanta, quando l'attrice era sposata con Andrea Dotti e viveva a Roma, Audrey aveva la capacità di fare veramente suo tutto quello che portava, dal capo firmato a un paio di jeans e una camicia.

In tutta la produzione cinematografica che la vede protagonista, anche in film in costume o western, dove non vi è traccia di *couturier*, i costumisti sono influenzati dalla sua *allure*. Modificano le linee, le semplificano, danno loro un'essenzialità che era quella del suo gusto e che ritroviamo nel suo abbigliamento di tutti i giorni, quello che è diventato un classico: i pantaloni stretti, i maglioni neri, le camicie a uomo, il foulard legato al collo, il trench, il tailleur pantalone a doppio petto, la gonna in sbieco, le scarpe a tacco basso di linea sportiva, le intramontabili borse con i manici a catena in vari pellami, rimaste invariate negli anni, come insegna chi di stile se ne intende davvero: non seguire troppo la moda, ma la propria naturale inclinazione.

Anche quando l'abbigliamento non è più importante, ma quello che conta è solo la funzionalità, nelle missioni per l'Unicef in Oriente o in Africa, Audrey appare sempre splendida con dei semplici pantaloni di tela, una maglietta e un paio di scarpe da ginnastica.

"Mia madre – mi ha confessato Sean Ferrer – comprava negli ultimi anni pochissimi capi: una giacca, due paia di pantaloni all'inizio di una stagione. Ecco qui tutto il suo guardaroba".

Il suo stile le viene da dentro, dall'io più profondo, si riflette nel modo di intendere, di comportarsi, di parlare. Sfocia in un im-

pegno umanitario sincero, che non conosce nessuna forma di compiacimento e di narcisismi.

Considerando la popolarità della sua immagine, Audrey ha pensato che fosse giusto metterla al servizio degli altri. L'amore che ha sempre avuto per i bambini, che le ha fatto tanto desiderare di avere dei figli, è stato trasmesso a tanti altri bambini, meno fortunati dei suoi, quei bambini indifesi che soffrono e vengono maltrattati in tante parti del mondo, troppe.

Ritiratasi dal cinema, Audrey Hepburn ha accettato di diventare una testimonial dell'Unicef, verificando con i suoi occhi le condizioni disumane in cui ancora molti bambini si trovano, soprattutto nel Terzo Mondo. Questo compito l'ha svolto senza mezzi termini, senza risparmio di forze, rilasciando interviste e discorsi pieni di *pathos* e di rabbia, accettando di confessare, purché fosse utile alla causa, quel passato di cui non aveva mai parlato prima, viaggiando senza sosta, fino all'ultimo, quando era già gravemente ammalata.

Ecco in breve spiegato perché Audrey è ancora Audrey, a distanza di sette anni dalla scomparsa e di molti di più dall'esordio come attrice.

Gli abiti e gli accessori non possono mancare in una mostra di questo tipo, come gli spezzoni dei film più celebri e le fotografie più belle: è in fondo il lato esteriore della sua vita che viene messo in evidenza. Ma è l'unico modo possibile per ricordarla e avvicinarla nuovamente al pubblico, tenendo fede al personaggio, proteggendone la vita personale, evitando di svelarne e di ricercarne gli inevitabili misteri. Maurizio Balò, scenografo di fama mondiale, ha realizzato un allestimento solare e scarno come era la Hepburn, pieno di poesia e di sottintesi.

In confronto a chi è sempre alla ribalta, a chi vuole parlare di tutto e di tutti, ai presenzialismi senza tregua, in confronto alle 'tutte rifatte', Audrey Hepburn appartiene ad una specie in estinzione, un modello di riferimento di cui oggi c'è assenza, ma sempre più bisogno. Lo stile di una come lei non è uno dei tanti possibili, ma è il solo che possa davvero definirsi tale. Non passa di moda, non è legato ad un abito, ad una firma, non è frutto della fama, ma è tutt'uno con la persona e con la sua umanità. Audrey Hepburn non è un'immagine sacra da adorare. Ma è un'attrice e soprattutto una donna che ha suscitato l'amore, il rispetto e la stima degli altri.

Anche questa volta ha compiuto il suo piccolo miracolo. Tutti coloro che hanno aderito a questa iniziativa e hanno contribuito a portarla a termine, artisti, scrittori, stilisti, registi, collezionisti, amici, istituzioni pubbliche e private hanno partecipato e lavorato con entusiasmo e amore.

Buon compleanno Audrey.

I manifesti e le locandine dei film di Audrey Hepburn hanno contribuito a imprimere nella memoria il volto dell'attrice e la sua incomparabile eleganza.
Posters and stills of the films of Audrey Hepburn have helped to imprint in the memory the actress's face and her incomparable elegance.

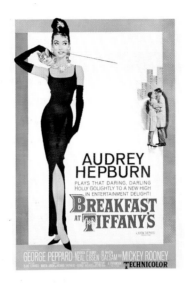

HAPPY BIRTHDAY AUDREY

Stefania Ricci

"Children are our most vital resource, our hope for the future. Until they can be assured of not only physically surviving the first fragile years of life, but are free of emotional, social and physical abuse, it is impossible to envisage a world that is free of tension and violence. But it is up to us to make it possible."

Audrey Hepburn

On 14 May 1999 Audrey Hepburn would have turned 70. A tribute to her life is being organized with an exhibition at the Museo Salvatore Ferragamo in Florence and a gala dinner in New York. At the latter C. Hugh Hildesley, Executive Vice-President of Sotheby's, will auction ten replicas of the original wooden last that Salvatore Ferragamo made of Audrey Hepburn's foot in the 1950s. These replicas have been painted or decorated by ten world-famous artists, drawing on one of Audrey Hepburn's films for their inspiration. They are Marina Abramović, Arman, Louise Bourgeois, Christo, Enzo Cucchi, Yasumasa Morimura, Kenny Scharf, Andres Serrano, Daniel Spoerri and Lawrence Weiner. Each piece of artwork has been photographed and hand-printed by Franco Fontana and collected into a limited edition of ten portfolio. One of these portfolios will also be auctioned at the New York gala.

These two events have been organized to support the Audrey Hepburn Children's Fund, presided over by Sean Ferrer, the actress's eldest son. It will receive all the money raised by ticket sales for the exhibition and the gala evening, as well as from the auctioned lasts. The American organization and the Swiss foundation, with headquarters at Tolochenaz, the village where Audrey lived, were set up to continue her commitment to ill-treated and suffering children throughout the world. This was the mission to which she devoted the last years of her life. The aim of the charity is the construction of a paediatric centre, called the Audrey Hepburn Children's House after the actress, specializing in the treatment of abused children. Sited next to the university clinic of Hackensack, New Jersey – one of the best paediatric hospitals in the U.S.A. – the centre is envisaged as a model of its kind. As well as providing wards and medical care, it will also be equipped with a playground, recreational and educational facilities and offer a social and psychological welfare service. It will treat children from poor backgrounds and parents will be able to stay with them to follow their therapy.

The bond between Audrey Hepburn and Salvatore Ferragamo, 'shoemaker to the stars', dates from 1954. The young actress, recently awarded her first Oscar for *Roman Holiday*, had come to Florence to be fitted for shoes that the 'doyen' of Italian shoe designers was going to make for her. The enchanti-

Audrey Hepburn siede in mezzo a Dean Martin e Jerry Lewis negli studi della Paramount nel 1953.
Audrey Hepburn sitting between Dean Martin and Jerry Lewis in the Paramount Studios, 1953.

ngly beautiful Audrey was accompanied by Anita Loos, an older, less attractive but nevertheless fascinating woman. Loos was one of the surprise successes of American twentieth-century popular fiction. She shot to fame with her novel *Gentlemen Prefer Blondes*, which had been made into a movie with Marilyn Monroe the year before.

The sophisticated Audrey was the complete of opposite of Marilyn Monroe, the platinum blonde whose voluptuous curves and seductive gaze made her the reigning sex symbol of the day. Audrey captivated audiences with her slender physique, perfect posture, graceful movements and an innate elegance which owed nothing to fashionable clothes. There was also the 'urchin' face, of course, unusual for American cinema, with the huge doe eyes and irresistible smile. She certainly bewitched Wyler when the screen-tested for the female lead opposite Gregory Peck in *Roman Holiday*.

Audrey Hepburn, neither a busty sex bomb nor a Doris Day type girls-next-door, presented the public with a new ideal of woman. Her mischievous innocence appealed to men without arousing the hostility of women. On the contrary, her movies won her female fans worldwide. In Wyler's film she plays a princess who becomes an ordinary person for a few days and experiences both love and suffering. In *Sabrina*, the movie

A destra: Audrey e Mel Ferrer al battesimo del figlio Sean nell'estate del 1960. Audrey indossa un abito creato per lei da Givenchy in seta bianca con grande ricamo centrale a forma di rosa.
In basso: ancora Audrey e Mel nel 1965, quando il loro matrimonio sembrava dovesse durare per sempre. I due divorziarono nel novembre del 1968.

Right: Audrey and Mel Ferrer at the christening of their son Sean, Summer 1960. Audrey wears a dress created for her by Givenchy in white silk with centre embroidery in the shape of a rose. Below: Audrey and Mel again, 1965, when their marriage looked like lasting for ever. The couple divorced in November 1968.

Audrey Hepburn, Many-sided Charmer

Due pagine del servizio della rivista americana 'Life' del 1953 dedicato alla vita quotidiana di Audrey Hepburn, poco dopo il successo del film *Vacanze romane* di William Wyler.
Two-page feature in the American magazine 'Life', 1953, dedicated to Audrey Hepburn's daily life, shortly after the success of William Wyler's *Roman Holiday*.

PHOTOGRAPHS BY MARK SHAW

CONTINUED ON NEXT PAGE

ON LOCATION while waiting for lights to be rigged up, she turns happily to chat with a colleague. Though she protects her privacy away from work, Audrey enjoys these sociable studio interludes.

AUDREY HEPBURN CONTINUED

SHE GOES HER WAY ALONE
AND REFUSES TO STAY PUT

Audrey has had no difficulty in becoming a director's darling, a critic's darling, and a darling to her co-workers. She has yet to prove that she will become an all-out public darling. "Audrey," says Director Wilder, "may be too good for most people." She is not an easy symbol of sex, or sin, or purity —her mercurial beauty and her ability to switch from gamin to glamor girl prevent her being an obvious type. She is equipped, of course, with some standard attributes of stardom: she looks helpless enough to protect, courageous enough to admire and pretty enough to adore. But Hollywood is betting that the public will love Audrey for the very qualities that raise her above most popular stars.

In her acting she communicates warmth and humanity, seeming to open up the private rooms of her mind to reveal what she is thinking and feeling. Audrey insists on going her own way and has her own idea about her future. It involves, she says, "living among all kinds of people. I don't understand a lot, but the more I learn, the better actress I'll be. That's why I don't want to be tied down to one spot, or work always in the same part of the country or world."

DINNER ALONE is usually eaten on floor where she squats easily because of lifelong ballet training. While eating she often reads classical drama, with heavy helping of Shaw and Shakespeare.

LUNCH ALONE after a long morning's work is in her studio dressing room. She seems to hold her chin primly high, actually is concentrating on stretching her neck in order to relax her spine.

60

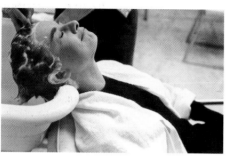

that made her a star, she takes the role of a modern day Cinderella transformed from a provincial dreamer with no special talents into a polished and sophisticated woman, dressed by Hubert de Givenchy, Balenciaga's most brilliant pupil, who wins over the grumpy millionaire (Humphrey Bogart).

The accuracy of the portrait Salvatore Ferragamo paints of Audrey Hepburn in his biography has been confirmed by many others. As always his description starts with the feet: "Audrey Hepburn's long, slim foot is in perfect proportion to her height. She is a true artist and a true aristocrat. I know this without having seen her films (my wife rushes off with the girls the moment her films arrive in Florence, without waiting for me to join her!). Audrey is always natural and completely unaffected, whether she is acting or buying shoes or handbags. She can talk intelligently and knowledgeably on philosophy, art, astronomy, and the theatre, and in my opinion she is in the same

La bellezza della Hepburn non era basata sulla perfezione dei lineamenti, non incuteva mai timore o venerazione. Era magica e rassicurante, toccava il cuore e la mente. La vivacità, la grazia, la dolcezza trasparivano in ogni espressione del suo volto.
Hepburn's beauty was not based on perfect features, and never inspired awe or worship. It was both magic and reassuring, touching heart and mind. Vivacity, grace and sweetness shone from every expression of her face.

Audrey non teneva l'atteggiamento consueto delle star di Hollywood. Non amava fare la diva e nonostante il successo era rimasta una ragazza semplice, disponibile verso gli altri, fedele a se stessa. Non aveva nessun problema a farsi fotografare nei momenti più diversi della vita di tutti i giorni, anche se questo voleva dire dal parrucchiere.
Audrey did not display the usual attitude of Hollywood stars. She declined to behave like a star and, despite her success, she remained a simple girl, easy-going with others and true to herself. She had no objection to being photographed in the most various moments of her everyday life, even when this occurred at the hairdresser's.

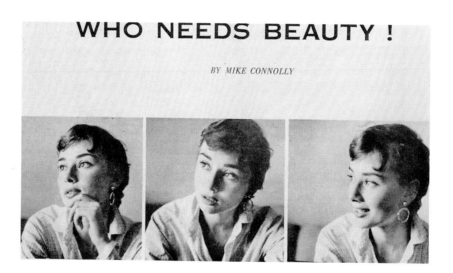

WHO NEEDS BEAUTY !

BY MIKE CONNOLLY

Scandinavian-British aristocratic tradition that began with Greta Garbo and continued with Ingrid Bergman."

Salvatore Ferragamo classified Audrey Hepburn's foot – long, slim and as delicate as her body – a 7 1/2 AAA. This was then filed away with details of other aristocratic feet, such as those belonging to Eleonora Duse, Greta Garbo, Katherine Hepburn, Colette Machard, Ingrid Bergman, Maria Josè, Queen of Italy and the former Queen of Romania, Lauren Bacall and the Duchess of Aosta.

Audrey's first visit to Ferragamo followed a pattern that would become ritual: the arrival at the medieval Palazzo Spini Feroni in central Florence, the crowds of photographers and fans waiting to catch her on her way in and out. Proudly escorting her round the magnificent salons furnished with beautiful pieces of sixteenth century furniture that served as his atelier-workshop, Salvatore (who enjoyed describing himself as a 'shoemaker') told her about his childhood poverty and subsequent success. After showing her his latest creations, Ferragamo took the measurements of her feet. He then made the wooden last on which he would later create numerous models of shoes. It was using replicas of that same wooden last that the ten artists created their artworks. After trying on a selection of shoes, Audrey placed a large order for those she liked. Ferragamo's wife, Wanda, eager to meet the young celebrity, watched her from the sidelines. Later she invited Audrey to join them for an informal lunch at Palagio, the Ferragamos' Renaissance villa at the foot of Fiesole. Despite the guest's relaxed friendliness, however, it turned out to be an awkward occasion. A manservant, overwhelmed by Audrey's beauty, dropped the cutlery shocking the guests into silence and causing embarrassment to the hostess. "I nearly died of

L'attrice rappresentava un tipo di donna molto diverso da quello delle maggiorate di moda negli anni Cinquanta. Come disse Billy Wilder: "Questa ragazza, da sola, farà considerare una cosa del passato l'attenzione che si è sempre data alle misure di una donna".
The actress represented a new type of woman, quite different from the well-built beauties who were in fashion in the fifties. As Billy Wilder said: "This girl, by herself, will make the attention always paid to a woman's vital statistics a thing of the past".

shame, – Wanda recalls, – and I was looking daggers at the clumsy man. But Audrey's charming courtesy helped me overcome the moment. She continued smiling and talking as though nothing had happened. Even her expression and body language remained exactly the same. Recalling the incident many years later we both had a laugh. Audrey was an exquisite person, sensitive and refined. She was beautiful inside as well as out. We met frequently at the dinners we were both invited to as guests of honour. Although I always admired her class, elegance and unchanging beauty, it was her kindness to others I valued most. She was a truly great lady".

The shoes Salvatore Ferragamo created for Audrey Hepburn have earned themselves a place in the annals of footwear. They also include designs of great significance to Ferragamo's own history. The simple ballerina slipper with a thin lace and shell-shaped sole, conceived as a tribute to her career as a ballet dancer, for example, that belongs to the low-heeled series. There was also a black suede shoe with a rounded heel, small side bow and slightly raised toe – original touches to a simple design. One of the models ordered by Audrey on that far-off day in 1954 was a closed shoe in wine-red suede which incorporated one of Ferragamo's most important patents, the 'gloved arch'. This meant the uppers were also incorporated in the waist of the shoe, under the arch of the foot which was usually occupied by the leather sole. The result was a streamlined model that was simple, refined and

Un'immagine di vita cittadina di Audrey nel 1967. Il suo stile è sempre perfetto. Della moda Audrey dice: "La moda riflette i nostri tempi, il loro trend di stile, ma è anche lo specchio dei nostri sentimenti. L'occhio della moda è un occhio sensibile". Audrey's town life, 1967. Her style is always perfect. On the subject of fashion, Audrey said: "Fashion reflects our times, their style trends, but it also mirrors our feelings. The fashion world's eye is a sensitive one".

supple as a glove. After Ferragamo's death, Audrey remained a faithful client and friend of the family. She continued to buy the same low-heeled shoes, usually from the shop in Via Condotti in Rome, as well as numerous pairs of moccasins designed by Salvatore's daughter, Fiamma. Wanda Ferragamo and her children always considered her the perfect patron. She was the epitome of a dateless style. A woman admired for her simplicity and lack of airs and graces, as well as for her commitment to helping others.

It is these qualities that have inspired the Salvatore Ferragamo Company and his museum to put together the most complete exhibition dedicated to Audrey Hepburn ever undertaken. It has not been an easy task. Although few film actresses have been so universally loved as Audrey, defining her is neither simple nor obvious. Audrey Hepburn was not a screen legend in the usual meaning of the term. For when a star is described as a legend, it often hints at darker qualities. The greater and lesser adversities, those weaknesses and perversions we all know are part of life. The glamour of James Dean and Marilyn Monroe, for example, lay in the ambiguity of their personalities, in their tormented sexuality and emotional frailty. But there's no whiff of scandal in Audrey's biography, and alcohol or drugs are not mentioned either. And above all there is nothing about tragic, violent and premature death.

But trouble-free success is of scant appeal to most people, even that of a film star. Princesses are considered boring unless, like Cinderella, their childhood was one of ill-treatment and unhappiness.

Why then does Audrey Hepburn command the respect of so many people of all ages? And how is it that *Sabrina* and *Breakfast at Tiffany's*, for instance, both made over forty years ago, are considered epoch-breaking movies that everyone should see? The answer can only be Audrey herself. For although there have been actresses with more classical beauty and acting talent, she was unique in the history of cinema. It was a uniqueness defined by the expressive quality of her enormous eyes and spontaneous smile, her naturalness and grace, her elegant, gravity-defying gait and her innate classiness. Her charisma was also enhanced by the human qualities that shone through in all her interviews and by the courageous choices she made in her life.

Everything that was written about her made Audrey seem blessed from the start. Not merely because Mother Nature had endowed her with timeless physical beauty, but because she had also been given what the aesthetic theorists of the Renaissance would have called an 'indefinable quality'.

Audrey's mother came from an ancient family of Dutch aristocrats, her father was a banker. Her childhood was spent in Brussels where she lived a well-educated, affluent and sheltered lifestyle. She was just an inexperienced 24-year-old when in 1953 she won an Oscar for her very first film, *Roman Holiday*. Something very few have achieved.

Audrey worked with America's most famous directors. She was loved by her fellow actors – and actresses – and all those she came in contact with. Throughout her life she was dressed by the great names of fashion, all who considered her an ideal model. Her private life was also satisfying. She married

"Cammino con i miei cani – scrive Audrey – e ciò mi tiene in forma. Parlo con loro e questo mi rende sana. Non posso pensare a niente di più piacevole che coccolare, giocare e iniziare la giornata con un cucciolo caldo. In cambio i cani ti danno la forma più pura di amicizia e chiedono così poco".
"I walk with my dogs – writes Audrey – which keeps me fit. I talk to my dogs which keeps me sane. I can't think of anything that makes one happier than to cuddle and play and start the day with a warm puppy. In return they give us the purest form of friendship, yet ask for so little".

twice – to Mel Ferrer and Andrea Dotti – and had two children,
Sean and Luca. The last twelve years of her life, devoted to
unflagging work for Unicef, were shared with Robert Wolders.
In truth, however, Audrey Hepburn's life had not always been
a bed of roses. Her childhood was disrupted by her parents'
divorce, her father's abandonment of the family and the hor-
rors of war and Nazism. The deprivations she suffered in war-
torn Holland, where she and her mother returned to live after
the divorce, resulted in a physique that was constitutionally
frail for the rest of her life. The Nazi's genocidal fanaticism held
occupied Holland in its grip and many of Audrey's friends

Andrea Dotti e Audrey
Hepburn lasciano
il municipio di
Morges, nei pressi di
Tolochenaz, dove si
sono appena sposati
il 18 gennaio 1969.
Audrey indossa
un abito in jersey
di cashmere rosa
con cuffia a fazzoletto
nello stesso tessuto
disegnato per lei
da Givenchy.
Andrea Dotti and
Audrey Hepburn leave
the town hall at Morges,
near Tolochenaz,
where they have just
got married,
18 January 1969.
Audrey wears a jersey
dress in pink cashmere
with a kerchief in the
same material
designed for her by
Givenchy.

and schoolfellows were victims of the Holocaust. This experience scarred her deeply. So much so, in fact, that she re-
fused to play the role of Anna Frank to avoid reviving the
traumatic memories.
Young Audrey was active in the fight against Nazism. She
risked her life to help the partisans, carrying their messages
concealed in the heels of her shoes. She also worked hard
taking all sort of odd jobs to fund her training as a ballet

dancer. When her dance ambitions were dashed by growing too tall (1.76 metres), she fell back on a career in theatre and cinema with no idea how successful she would be in the future.

Audrey shot to stardom with *Roman Holiday*. Part of the reason she kept on the crest was due to professional dedication and unstinting hard work. She often found it hard to snatch precious time with her husband and children and never achieved the perfect balance of work and home life that she longed for. Her two divorces were caused her much regret, disquiet and sorrow, and her premature death at 63 was caused by an insidious illness that was not diagnosed in time. Despite the fact she was one of the most photographed actresses of the century, nothing emerged about Audrey's life that wasn't already known. This absence of gossip reflected her reserved and discrete character. She had always safeguarded her privacy and that of her children. Unlike many stars, hers was a personality that shunned hype and excess. So after many years of being hounded by *paparazzi* in Rome, she moved to enchanting Swiss village of Tolochenaz.

The last thing most film stars want is to be ignored. Audrey, however, was the opposite. She loved being able to go to the supermarket, for instance, and do her shopping without being recognized or having to sign autographs.

To this day Audrey Hepburn is famous for a refined elegance that Beau Brummell might expressed as being defined by what was unseen. In other words by the absence of trinkets and excess. Although her adolescent slenderness certainly helped, her style was not merely a matter of appearance. Those who knew her well and designed her wardrobe – people like Salvatore Ferragamo and her close friend, Hubert de Givenchy – had been aware of her special inner qualities from the moment they met her. It was these qualities that enabled her to relate easily to others without ever becoming awkward or aggressive.

Her distinctive personality was expressed in the way she dressed. Her partnership with Givenchy dated from *Sabrina*. The widely-copied clothes that this great couturier designed for her have now become a part of fashion history. It is hard to quantify, however, how much Givenchy influenced Audrey's style or Audrey his. And to say that Audrey transformed everything she wore – be it a designer dress or a blouse and pair of jeans – in no way diminishes the talent of either Givenchy or Valentino, whose client Audrey became while living in Rome with Andrea Dotti in the late sixties.

This ability was not exclusive to haute couture. In all her

Le due fotografie ritraggono Audrey alla fine degli anni Ottanta. Alla soglia dei sessant'anni, per lei il fascino e la bellezza sono rimasti invariati. The two photos show Audrey in the late nineteen-eighties. On the threshold of age sixty, her charm and beauty remain unchanged.

movies, whether it was a costume drama or Western, the clothes were always enhanced by her allure. She simplified the lines to acquire the essential quality that was a hallmark of her style. It was also displayed in her everyday dress: the slim trousers, black pullovers, men's shirts, the trench coat, double-breasted trouser suit, cross-cut skirt, casual low-heeled shoes, the classic handbags with chain handles in various leathers and the scarf at her throat. Her look, which remained unchanged over the years, was a lesson from someone who really understood style. Don't follow fashion, her message said, follow your own taste.

Even during missions to the East or Africa – when practicality rather than style was the issue – Audrey's simple outfits of linen trousers, T-shirts and sneakers always looked splendid. "My mother bought very few clothes in her last years – Sean Ferrer told me. – Just a jacket and a couple of pairs of trousers at the start of the season. That was her entire wardrobe".

Audrey's style came from within, from her deepest self, and was reflected in her whole attitude, in everything she did or said. It embodied the sincerity of her commitment to helping humanity and was devoid of self-indulgence and narcissism. Audrey was determined to put fame and popularity at the service of others. She had always loved children (thrilled when she had those of her own) and the plight of defenceless and disadvantaged children suffering deprivation and ill-treatment deeply distressed her. On retiring from acting she agreed to become an ambassador for Unicef. This role enabled her to see first-hand the inhuman conditions in which countless children, predominantly in the Third World, still live. Helping them became a mission to which she gave herself unsparingly. Her speeches on the subject were full of pathos and passion and, to further the cause, she finally began speaking of the past she had always kept buried. Even illness did not deter her and she continued travelling tirelessly right to the end.

Which why, seven years from her death and many more since her acting debut, Audrey lives on as Audrey.

This includes clothes and accessories, along with the best of Audrey's photographs and clips from her most famous films, as indeed it must. Because although this inevitably emphasises the surface values, there is no other way to commemorate her life and bring it once again into public focus. Care has been taken to remain true to her essential character, while at the same time protecting her private life and refusing to pry into its inevitable mysteries. Maurizio Balò, a world-famous set-designer, has mounted a spare and luminous display which includes poetic undercurrents reflecting the actress herself.

**Audrey Hepburn
in due pose di assorta
meditazione nel
giardino della sua
casa di Tolochenaz
in Svizzera, dove si
è spenta il 20 gennaio
1993.**
Audrey Hepburn in
two meditative poses
in the garden of her
house at Tolochenaz,
Switzerland, where
she died on
20 January 1993.

One could say that Audrey Hepburn represents an endangered species – especially when compared to the limelight-seekers that dominate the public arena today. Those publicity-hungry people who talk of everything to everyone and who remake their images with plastic surgery. People with her qualities have become thin on the ground, yet we have an ever increasing need for them.

The style Audrey cultivated was not one of many possible styles. It was the only one truly worthy of the name. Its timeless appeal is not dependent on one particular garment or designer, but is intricately linked with the humanity of the wearer. Audrey Hepburn, of course, is not an icon to be worshipped. But she was an actress and a woman whose character earned her the love, respect and esteem of everyone she came in contact with.

And here, once again, her special magic has been in evidence. For all who have supported this undertaking and helped to make it possible, have done so with love and enthusiasm. That includes the artists, writers, stylists, directors, collectors, friends and the public and private institutions.

Happy birthday, Audrey.

IL PERCHÉ DI UNO STILE

Gianluca Bauzano

Gianluca Bauzano

"La donna è come un'attrice: è sempre su un palcoscenico. Deve sembrare splendida e sentirsi bene... L'abito dev'essere parte di lei, deve sentirlo sul suo corpo... Preferisco che si noti la donna piuttosto che l'abito: il suo viso, il suo corpo e le sue mani. Il vestito c'è per coprirla, per sottolineare qualcosa e renderla bella". L'attenzione quindi concentrata su chi indossa. Sullo stile. Fatto di particolari. Da scomporre, e in seguito da assemblare e riassemblare, per meglio comprenderne la matrice. E poi assimilarla.

A metà degli anni Novanta lo stilista franco-tunisino Azzedine Alaïa con quest'affermazione definisce e connota la sua idea di stile al femminile. Un'immagine contemporanea prospettata sull'ultimo scorcio di questo secolo a due passi dalla fine del millennio. Un ritratto di donna. Di uno stile dai riferimenti precisi ma in realtà dalle connotazioni non così facilmente imbrigliabili in un circoscritto ambito temporale. Non si tratta infatti dello stile di fine secolo. Ma dello Stile. Può apparire allora ambizioso a questo punto mettersi alla ricerca di un'icona femminile da porre in questa schiacciante cornice. Tanto da rappresentarne un'essenza durevole. Ma è possibile. Quale donna allora in un arco di tempo a noi vicino può aver dettato, a volte anche involontariamente, indicazioni, influenzato scelte, affabulato altre donne, tanto da trasformarle? La risposta è da cercare, anche se non esclusivamente, in Audrey Hepburn.

Ventisette sono i ruoli femminili interpretati sul grande schermo dall'attrice a partire dal suo debutto nel 1948, una piccola parte in *Nederlands in Zeven Lessen*, fino al 1989 con *Per sempre* di Spielberg. Ed è indubbio che il principesco sorriso di Anna in *Vacanze romane*, la proteiforme trasformazione di *Sabrina* e di Jo in *Cenerentola a Parigi*, il disinvolto approccio al mondo di Holly in *Colazione da Tiffany*, ma anche la forza d'animo di Karen in *Quelle due* non potessero far altro che colpire l'immaginario collettivo. E come conseguenza ecco le generazioni più giovani di allora adottare immediatamente il taglio di capelli di Anna, scegliere, a seconda della classe sociale a cui appartengono, una certa tipologia di abbigliamento proposta da una piuttosto che da un'altra delle eroine hepburniane.

Con *Sabrina*, film in cui la Hepburn per la prima volta indossa alcuni abiti di Givenchy, si innesca anche la simbiosi tra cinema e moda. Della quale l'attrice è protagonista. Quel gioco in cui il cinema da sempre usa la moda per essere "*à la page*, divertire, meravigliare, e la moda si fa portare dal cinema in tutto il mondo e diventa di tutti". E la Hepburn è al centro di un vero e proprio fenomeno. Il fenomeno

Lusso e raffinatezza. Emergono dal magico connubio tra Audrey e il mondo rarefatto della couture. È quella di Valentino ideatore nel 1969-70 di questa cappa in tripla organza di seta nera che incornicia il volto dell'attrice.

Luxury and sophistication emerge from the magic encounter of Audrey and the rarefied world of couture. The couture belongs to Valentino, who in 1969-70 devised this hood in black silk triple organza in which the actress's face is framed.

Appena adolescente,
ancora con il vero
nome di Edda van
Heemstra Hepburn,
Audrey fa l'indossatrice
(sotto). Ma tra poco
il suo cognome
entrerà tra quello
delle stelle. Tanto
da metterne subito
a confronto lo stile
con quello della
già celeberrima
e omonima collega
Katherine Hepburn
(a destra).

che Roland Barthes in *Miti d'oggi* definisce "*scambio di prestigio, di aura mitica* fra chi indossa e chi crea abbigliamento". Scambio che Barthes esemplifica partendo dalla settima arte e proprio utilizzando l'esempio di Audrey Hepburn: "creatura per la quale il mondo si trovava a corto di aggettivi e che negli anni Cinquanta rendeva celebri in tutto il pianeta gli abiti di Hubert de Givenchy ricevendo a sua volta la consacrazione del creatore di genio".

Ma lo *scambio di prestigio* di cui parla Barthes, anche se non in modo così paradigmatico, si è verificato pure con altre 'icone cinematografiche': Rita Hayworth e Katharine Hepburn, Marilyn Monroe e Grace Kelly; ma anche Marlon Brando, James Dean e Humphrey Bogart. Per quale ragione allora Audrey Hepburn riesce ad andare oltre alla semplice icona capace di suggestionare il pubblico? Perché lo stile di quest'attrice non è costruito a tavolino, ma è il risultato spontaneo di un insieme di elementi, compresi quelli fisici, che affondano le loro radici fuori dal contesto artistico.

Edda Kathleen van Heemstra Hepburn-Ruston, questo il vero nome di Audrey, nasce il 4 maggio 1929 a Bruxelles, figlia del banchiere irlandese John Victor Anthony Hepburn-Ruston, secondo marito della baronessa olandese Ella van Heemstra. La piccola Audrey trascorre i primi anni della sua esistenza nel castello di Doorn, di proprietà della famiglia materna. Una famiglia dell'antica nobiltà olandese: con tanto di nonno materno governatore del Surinam nella Guyana. Dopo la separazione dei genitori la bambina si trasferisce in un college inglese. Torna a vivere con la madre ad Arnhem, città olandese dove viene sorpresa dal secondo conflitto mondiale. Anni disperati di desolazione e fame, durante i quali Audrey per reagire prende lezioni dell'arte più ovvia, oltre alla musica con la quale ha già dimestichezza, per un'appartenente all'aristocrazia: la danza. Appena adolescente Audrey quindi ha già in sé quei caratteri che ne segneranno lo stile anche a livello fisiognomico. In un superbo gioco tra anima e volto. Tra volto e anima. Non importa se il contesto che l'ha vista crescere è fatto, a un certo punto, di macerie e disperazione. Alle spalle Audrey ha già assimilato un retaggio di grande raffinatezza. Che è solo di un certo mondo. Di un certo ambiente. Che deriva dall'educazione secolare di certe famiglie. Audrey, quando crescerà e diventerà la Hepburn, non farà dunque fatica a dar vita alla sua quadreria di personaggi.

La dimostrazione? Eliza Doolittle di *My Fair Lady* non è difficile da impersonare nella versione post corso di formazione del professor Higgins. Perché quando Audrey indossa il grande cappello per partecipare alle corse di Ascot non è solo la Hepburn versione musical su grande schermo. Forse inconsapevolmente, ma con quell'apparizione evoca lo charme di dame del passato come la marchesa Luisa Casati Stampa di Soncino Amman, ritratta da Paul-César Helleu nello stesso atteggiamento di Eliza. E come l'aristocrati-

Hardly more than an
adolescent, with her
real name of Edda van
Heemstra Hepburn,
Audrey acts as model
(left). But soon enough
her name will figure
among the stars
and invite comparison
between her style
and that of her already
celebrated namesake
and fellow-actress,
Katherine Hepburn
(above).

ca dama milanese vissuta a cavallo tra la fine del XIX e il XX secolo, è capace, come scriveva Jean Cocteau nel parlare della gentildonna, "non solo di piacere ma di stordire". E ancora. Ogni fotogramma del volto di Natasha in *Guerra e pace* non fa balzare all'occhio di chi osserva una ben precisa serie di particolari fisici? Sono: lo sguardo assorto e penetrante, il collo eburneo, il sorriso malinconico, le mani lunghe affusolate a volte posate tra le ciocche dei capelli bruni della fanciulla innamorata. Gli stessi particolari che Prud'hon nel 1805 evidenzia in un suo celeberrimo ritratto: quello dell'imperatrice Joséphine. E la Hepburn nel film non ne sembra certo la copia. Ma la concretizzazione. Infine il *little black dress* indossato da Holly Golightly all'inizio di *Colazione da Tiffany* con le spalle nude in evidenza perché affascina così tanto? Perché nell'indossarlo Audrey sembra semplicemente rielaborare un tipo di aristocratico atteggiamento di retaggio antico. Identico a quello che permea e traspare dal ritratto di *Madame X*, al secolo Virginie Avegno Guatreau, dipinto nel 1884 da John Singer Sargent. Proprio

in un elegante *little black dress*. E non c'è scuola di cinema o d'arte drammatica che possa insegnare o creare queste cose.

Ritorniamo allo sguardo. Quello di Audrey entra nei personaggi della Hepburn. I due occhi dal taglio leggermente allungato attirano l'attenzione. Sono un caso di specularità dell'anima. Evidenziati da un sorriso che dà luce, in certe occasioni anche per l'infantile candore. Rimasto presente persino nell'ultimo periodo di vita, quando la Hepburn diventa ambasciatrice dell'Unicef, paladina nel mondo di chi soffre. Infine il collo. Sostegno al viso. Austero come quello delle *kórai* greche. Un collo slanciato, perfetto per far scattare obbiettivi come quelli di Beaton e di Avedon, che, proprio sulla luminosità e sinuosità del collo, hanno fatto leva per realizzare alcuni dei loro capolavori fotografici. Ma senza un'appropriata postura l'insieme di tutti questi elementi finora evidenziati non acquisterebbe personalità. Non rappresenterebbe lo Stile. Ed è qui che entra in gioco la danza. Nume tutelare dell'attrice.

Già negli anni della guerra, tra il 1939 e il 1945, Edda-Audrey prende lezioni di ballo. E sogna anche una carriera come ballerina. Al-

la fine del conflitto, trasferitasi ad Amsterdam, ha come maestra di danza Sonia Gaskell, uno dei nomi più rinomati dell'Olanda. Ed è proprio alla classe di questa maestra che Charles Huguenot la scopre e la fa partecipare al film-documentario *Nederlands in Zeven Lessen*. È il 1948. Anno in cui Edda-Audrey con la madre Ella si trasferiscono a Londra. Ed Edda van Heemstra Hepburn diventa definitivamente Audrey Hepburn. Ed entra anche nella celeberrima scuola di balletto di Marie Rambert, fucina di geni delle punte come Vaslav Nijinsky. Di lì a pochi anni sarà proprio la danza a lanciarla definitivamente nel mondo del cinema. Nel 1952 infatti interpreta il suo primo ruolo degno dei titoli di testa: quello di Nora, una giovane ballerina irlandese, in *The Secret People* di Thorold Dickinson. Un *british spy thriller* che ha come protagonista Valentina Cortese, l'attrice italiana grazie alla quale la Hepburn deve il suo lancio: infatti è proprio la Cortese, rimasta colpita dalla grazia e dall'eleganza di questa timida e spaurita adolescente presentatasi ai provini a chiedere al regista di sceglierla per la parte della propria sorella minore perennemente sulle punte. Da questo momento, oltre a vedere apparire ufficialmente il proprio nome sui titoli di testa delle pellicole, Audrey Hepburn vede la sua carriera prendere il via come per effetto di un riuscitissimo *grand jeté*.

La danza, un referente che sarà sempre presente nelle fatiche cinematografiche dell'attrice. O emergerà preponderante in molti dei suoi atteggiamenti. Un'eleganza nei movimenti, la postura del capo, delle braccia e dei piedi che nel loro insieme ricordano l'armonia della mitica Margot Fonteyn, l'indimenticabile e unica partner di Rudolf Nureyev. Le scene di ballo nelle fatiche cinematografiche della Hepburn, del resto, rappresenteranno sempre dei momenti nodali delle vicende narrate. Non è un ballo ufficiale ad aprire *Vacanze romane* e a segnare il debutto in società di Eliza Doolittle in *My Fair Lady*? Non è sempre ballando la gavotta tra le colonne imponenti dei palazzi della Russia zarista o il fox nel giardino della villa dei Larrabee che Natasha Rostov e Sabrina vivono l'estasi dell'incontro con quello che credono il loro vero e unico amore? E sempre il ballo fa da comune denominatore anche all'intera pellicola di *Cenerentola a Parigi*, nel corso della quale la Hepburn prima si lancia, fasciata in una tuta nera, uno degli indumenti più tardi imitatissimi dal pubblico femminile, in un a solo e in un passo a tre esistenzialisti per poi perdersi tra le braccia di Fred Astaire in un indimenticabile passo a due all'aperto vestita da sposa. Un'esperienza, quest'ultima, che nella carriera della Hepburn e nella vita di Audrey resterà indimenticabile. Lei stessa "in occasione della consegna di un premio a Fred Astaire – racconta Hubert de Givenchy che aveva realizzato gli abiti del film – dichiarò emozionata: 'Fred, quante donne hanno sognato e sperato di danzare con te. Io ho potuto farlo. Sono stata e continuo a essere felicissima di avere avuto questa magica occasione'. E pensare – aggiunge Givenchy – che per girare quella scena, immaginata in primavera sul prato di una chiesa, abbia-

Maria Callas, la Divina del Belcanto, dopo la trasformazione dovuta alla 'sindrome Hepburn': dimagrisce come l'attrice tanto da assomigliarle. Anche nel modo di vestire: immancabili il tailleur rigorosissimo (1958) e un *little black dress* (1964) griffato Biki.
Maria Callas, goddess of Bel Canto, after transformation due to the 'Hepburn syndrome'. She slimmed like the actress, to the point of resemblance. In her style of dress, too: never without her severe daywear suit (1958) and a little black dress (1964) signed by Biki.

Il volto e lo sguardo
di due grandi dive:
Maria e Audrey
sembrano guardare
verso lo stesso punto
di riferimento:
l'inalterabilità
del vero Stile.
The face and the gaze
of two great stars.
Maria and Audrey
seem to be looking
at the same point:
genuine Style
remains just that.

mo dovuto piantare ad uno ad uno una serie di fiori finti. In realtà a Parigi in quel periodo non era primavera e faceva freddissimo. E alla fine di ogni ciak Audrey correva a indossare maglioni di lana".

Il primo gruppo di pellicole interpretate da Audrey Hepburn porta la giovane attrice a un successo immediato. Ma non siamo ancora alla concretizzazione dello Stile. Del resto, per quanto di ascendenza aristocratica, la Hepburn ha la sua prima parte a diciannove anni, ancora adolescente: è una hostess della KLM in *Nederlands in Zeven Lessen.* Seguono poi altri sei film (*Risate in Paradiso, One Wild Oat, Racconto di giovani mogli* e *L'incredibile avventura di Mr. Holland* del 1951; *The Secret People* e *Vacanze a Monte Carlo* del 1952) interpretati nei quattro anni successivi. L'ultimo dei sei, *Vacanze a Monte Carlo* (e ancora una volta è Valentina Cortese, ormai

Non più solo Audrey. Ma la Hepburn testimonial di grandi fotografi. Un volto e un'espressione dolci e candidi come due colombe.
No longer just Audrey, but Hepburn testimonial of great photographers. A face and expression as sweet and candid as a pair of doves.

considerata dalla Hepburn amica fraterna, a spingere la giovane attrice ad accettare la proposta), le offre l'opportunità dell'incontro con Colette. La scrittrice infatti, a sua insaputa, la osserva durante i provini del film all'Hotel de Paris di Monte Carlo e si convince immediatamente che quella minuta ragazzina sarà l'interprete della sua *Gigi.* Il 24 novembre 1952 a Broadway va in scena il musical tratto dalla novella di Colette. E la Hepburn ha un enorme successo. (Oltre a *Gigi,* l'attrice sarà protagonista solo di un'altra fatica teatrale, *Undine,* favola romantica di Jean Giraudoux interpretata nel 1954 sempre sulle scene di Broadway al fianco di Mel Ferrer. L'uomo che di lì a pochi mesi diventerà il suo primo marito e le darà Sean, il primo dei due figli dell'attrice).

Siamo arrivati al momento in cui sta per scattare nella storia della

Hepburn l'attrazione fatale tra uno stile proposto dal grande schermo e l'influenza sulla realtà. È il 1953, l'anno di *Vacanze romane*. Audrey Hepburn è al "suo debutto sullo schermo", come si legge nei titoli di testa del film. E vince subito l'Oscar. Cosa accade? Un processo di immedesimazione da parte della platea femminile. E non è certo l'abito da ballo a essere copiato. Ma il taglio corto dei capelli. L'accostamento tra la camicia bianca di memoria maschile e la gonna lunga e ampia segnata dalla cintura. Quella sorta di reinterpretazione in chiave sportiva del new look di Dior lanciato quasi dieci anni prima. Una sintesi di tre preziosi elementi: semplicità, comodità ed eleganza. Audrey Hepburn così dà corpo sempre più a quel concetto di Stile in cui, come afferma Alaïa, il vestito c'è, ma solo per coprire, per sottolineare qualcosa e rendere bella chi lo porta. Perché è meglio notare la donna piuttosto che l'abito: il suo viso, il suo corpo e le sue mani. Esattamente quello che accade con *Vacanze romane* che segna una svolta importante nel mondo della moda e del costume. Infatti "mentre l'alta moda punta su una eleganza raffinata e talvolta astratta, che sembra riservata esclusivamente a donne dal fisico perfetto e senza problemi economici, il cinema più realisticamente propone anche un abbigliamento casual, un termine coniato solo negli anni Sessanta ma che può essere calzante per un certo modo di vestire in voga già nel decennio precedente: abiti comodi, pratici, sportivi, in cotone, lana, lino, rayon, jersey. E la prima grande testimonial di questa moda è proprio la Hepburn che, in *Vacanze romane*, interpreta il ruolo di una giovane principessa ribelle che veste con la semplicità e la finta trasandatezza di una teen-ager". Ma l'unicità di quest'attrice sta anche nell'essere esattamente sospesa a metà tra il mondo rarefatto dell'haute couture e di quello che oggi è il normale prêt-à-porter. Giocando perennemente sui due fronti senza mai penalizzarne alcuno.

È comprensibile quindi come l'attrice si trasformi immediatamente in un'icona, non solo cinematografica, dall'enorme potere mediatico. Tale da innescare anche delle vere e proprie sindromi. Persino Maria Callas ne fu una delle vittime. La Divina del Belcanto, infatti, proprio nel 1953 è presa da una vera e propria 'sindrome Audrey Hepburn', che la trasformerà radicalmente. Il regista Franco Zeffirelli ricorda che agli inizi degli anni Cinquanta "la Callas era in sovrappeso di ben quaranta chili. Decise allora di dimagrire. Come punto di riferimento prese una foto. Quella con dedica regalatale dalla Hepburn nel periodo di *Vacanze romane*. La teneva appoggiata sullo specchio del camerino. Ovunque. La fissava continuamente, era il referente per il suo dimagrimento: nel 1953, l'anno di *Vacanze romane*, la cantante riesce a perdere ben trentasei chili. Ma non solo. Quell'immagine evanescente l'affascinava a tal punto da rubarne altri particolari, come il taglio dei capelli e il trucco degli occhi. E la Hepburn restò presente nella mente della Callas anche più tardi come fonte d'ispirazione per

Modella, attrice o solo donna di stile? La simbiosi tra l'immagine elegante del grande schermo e la quotidianità è ormai avvenuta. Tanto da influenzare e affascinare. Model, actress or merely a stylish woman? The symbiosis between elegant image of the cinema screen and everydayness is complete. So achieved as to influence and to fascinate.

Una silhouette che
racconta un'intera
esistenza fatta
di estrema ricerca
del particolare.
La penombra evidenzia
la femminilità rarefatta
di questa donna
attrice.
A silhouette that tells
of an entire existence
in search of the
particular. No half
lights. The rarefied
femininity of this
woman actress
shines out.

lo stile della cantante nel vestirsi". Non è perciò una coincidenza che
una delle immagini più famose della Callas sia proprio quella che la
ritrae a metà degli anni Sessanta con un *little black dress*. Postura,
sguardo e allure della cantante rimandano però immediatamente a
Colazione da Tiffany, alla Audrey-Holly della scena iniziale del film.
Dopo *Vacanze romane*, nel 1954 è la volta di *Sabrina*. E dell'incontro
con Givenchy. Un incontro fondamentale, come ricorda lo stesso couturier francese. "Mi trovai dinanzi una giovane donna. In testa un cappello di paglia con scritto Venezia, indosso una T-shirt e un paio di
pantaloni alla caviglia. Rimasi sorpreso. Mi spiegò chi fosse e cosa
volesse. Gli risposi che non avevo tempo di realizzare degli abiti per
un film. Mi disse che era folle del mio stile. La invitai allora a scegliere, se voleva, alcuni abiti della collezione da indossare nel film". Il resto sono le immagini di Sabrina trasformata dal soggiorno parigino
che entra dal giardino di casa Larrabee per fare il suo primo ballo con
David-William Holden. Sontuoso è l'abito, fragile l'essenza, aristocratica la movenza. E quell'immagine è come un colpo di grancassa.
Il sodalizio con Hubert de Givenchy durerà tutta la vita. "Ogni volta
che Audrey girava un film contemporaneo mi chiedeva gli abiti – pro-
segue il couturier – ed eravamo sempre sulla medesima lunghezza
d'onda. Era una donna unica. Sapeva quello che faceva e quello che
voleva. C'era un rapporto splendido tra noi". Nelle restanti diciotto
pellicole girate dall'attrice, da *Arianna* a *Colazione da Tiffany*, da
Sciarada a *Insieme a Parigi*, da *Come rubare un milione di dollari* a
Linea di sangue, escludendo quelle in costume o di ambientazione
non contemporanea, la simbiosi tra le due H di Hubert e di Hepburn
è costante. E il pubblico se ne rende conto. Sempre più. Anche perché il cinema, che ha testimoniato il suo tempo come nessun'altra forma d'arte, è per sua natura doppio della realtà, documento che è
sempre anche finzione. Un testimone ambiguo, lo definisce Vieri Razzini "e nei confronti della moda, o dei modi di vestire, lo è a tutti gli effetti. Come in un grande gioco il cinema ha imposto innumerevoli usi,
fogge, capi di abbigliamento. Ma soprattutto ha imposto idee di eleganza e gusto del lusso, esagerazioni, eccessi, stravaganze con un
misto irripetibile di ingenuità e sofisticazioni. E si potrebbe anche dire che il cinema si è servito della moda, l'ha presa e subito modifica-
ta per adattarla ai divi e insieme ai personaggi". Nel caso della Hepburn alla fine è lei stessa a giocare con il mezzo cinematografico e a
imporre in realtà dalla celluloide il suo stile di donna. Lo stesso suo
guardaroba personale è legatissimo alla sua immagine su grande
schermo. Ma non perché ne fosse schiava. Anzi. È stata capace di
scegliere una serie di capi di abbigliamento che su di lei prendevano
una personalità specifica e con il garbo e la fragilità del suo essere
trasformarli in qualcosa di intramontabile. Anche se questi esistevano
già. Magari da sempre. Hubert de Givenchy spiega che l'attrice "era
sempre alla ricerca di un particolare, di un qualche cosa in più che

La vittoria di uno Stile.
Un fotogramma tratto
da *Cenerentola a
Parigi* infiammato di
rosso fuoco. La Nike
di Samotracia sullo
sfondo, Audrey che
incede scendendo
le scale in primo
piano. In entrambi
i casi è sempre
l'apoteosi del concetto
di armonia classica.
Victory of a style.
A frame taken from
Funny Face, suffused
with red fire. The Nike
of Samothrace in the
background, with
Audrey making her
way down the stairs
in the foreground.
Both express the
apotheosis of the
concept of classical
harmony.

desse agli abiti indossati nei film un tocco personale, più caratterizzante rispetto alla semplice eleganza". L'unicità dello Stile.

Potevano essere gli occhiali da sole. La Hepburn li porta in infinite occasioni. E sono sempre perfetti nella scelta e nel coordinamento della montatura. Per inciso l'occhiale da sole oggi non è il blasone delle pitonesse del mondo fashion? Ma anche i cappelli, quelli indossati in *Arianna* di Wilder, provocano nel 1957 un incredibile rilancio di questo accessorio. Le scarpe. Le celebri calzature basse, le ballerine. Scarpe piatte che in queste ultime stagioni furoreggiano sulle passerelle modaiole. I cappotti. Corti e rigorosi. Anticipano nelle linee la tendenza che oggi, esasperata, viene definita minimalismo. Mentre un paio di pantaloni alla caviglia abbinati con una maglietta, la cosiddetta tenuta caprese, o una tuta nera, fanno intravedere una sorta di attuale *street style* o sportwear. E ancora il mitico *little black dress* indossato in *Sabrina* e in *Colazione da Tiffany* tuttora resta un capo intramontabile. Ieri, Biki, la sarta della Callas, affermava che era il più grande cavallo di battaglia delle serate mondane della cantante. Recentemente Gianni Versace, con la genialità che gli era propria, lo aveva reinventato e reso attualissimo. Aveva preso il cosiddetto vestitino nero, espressione di convenzionalità e irriducibilità di stile di questo secolo, e lo aveva letteralmente aggredito. Fino ad arrivare nel 1994 a demolirlo. Rendendolo sfrontatamente voluttuoso. E la nuova Holly Golightly del momento era Elizabeth Hurley. Al posto dei diamanti di Tiffany della Hepburn però, la Hurley portava sullo spacco laterale una serie di spilloni di sicurezza punk dorati. E come nei fotogrammi iniziali di *Colazione da Tiffany* la sensualità dell'immagine è ugualmente forte. Non importa se in un caso il corpo si intravede tra le pietre preziose e nell'altro da sotto degli spilloni. È la presenza dell'abito nero che colpisce. E Versace lo realizza identico anche in bianco e in rosso proprio per dimostrarne l'inalterabilità del concetto di base. La sua attualità atemporale. Come aveva già compreso la Hepburn eleggendolo quasi a suo simbolo.

L'affermazione di Giorgio Armani "la vita è un film e i miei abiti sono i suoi costumi" alla fine non è dunque così un'iperbole. Consideriamo un altro film della Hepburn: *Cenerentola a Parigi* del 1957. Non solo il trionfo del suo volto, ma anche il trionfo degli abiti di Givenchy. Cornice al film il mondo della moda. E si tratta di una sorta di *Prêt-à-porter* di Robert Altman ante litteram. Meno feroce però. Ma sempre caricatura del medesimo universo rimane. Ed ecco satireggiati Diana Vreeland e l'immagine del couturier d'alta moda, immagine, quest'ultima, che però Givenchy trovò uno stereotipo mal confezionato. Ma anche un omaggio ironico al mondo dei fotografi di moda. E Fred Astaire non è altro che la specularità di Richard Avedon ancora giovanissimo. Per tutta la pellicola la Hepburn è su una passerella. È quella della libreria dove all'inizio del

Audrey musa ispiratrice di Hubert. Una serie di figurini del grande couturier francese con modelli realizzati esclusivamente per l'attrice. Compreso quello mitico con il *little black dress* **di** *Colazione da Tiffany.*

Audrey, Hubert's muse and inspiration. A series of fashion sketches by the great French couturier with models performed exclusively for the actress. Including the legendary one with the little black dress from *Breakfast at Tiffany's.*

film fa la commessa indossando uno scamiciato che oggi farebbe impallidire dall'invidia le minimaliste più accanite. È la cave parigina dove danza con la tuta nera. È la vera passerella dove sfila un'intera collezione dell'amico Givenchy. La moda e il cinema si celebrano a vicenda e vivono l'una dell'altro. Ma la personalità della Hepburn non ne viene schiacciata. Perché, citando una delle folgoranti massime modaiole ironico-sarcastiche di Franco Moschino: "Ideal dress = a no stress & no dress". Ovvero l'abito non deve né stressare né abbigliare troppo. Semplicemente sottolineare. Come fa Audrey Hepburn quando si veste. È ovvio così che nei film successivi a *Cenerentola a Parigi*, l'attrice è sempre perfetta sia che balli scatenata indossando un Paco Rabanne a placche metalliche, sia che cammini avvolta nelle trasparenze fruscianti degli stampati floreali di Ken Scott. O ancora mostrando le lunghe gambe da sotto una minigonna griffata Mary Quant. La cornice è quella della metà degli anni Sessanta. E la pellicola in cui appare questo nuo-

vo affresco di moda-realtà è *Due per la strada* di Stanley Donen. Titolo non certo casuale.

Il cinema dunque si fa moda e prende corpo nelle dive. Diventate testimonial di stilisti di fama internazionale anche fuori dal set. E Audrey Hepburn lo fa con la sua ineffabile eleganza. Appare su numerosissime riviste e appare sulle loro copertine, da 'Life' ad 'Harper's Bazaar'. Diventa top model delle campagne di Givenchy e di Valentino. E Givenchy ne utilizza l'immagine del volto per pubblicizzare il suo profumo. Era la prima volta che il viso di una grande attrice serviva a questo scopo. Ma si trattava di un'essenza particolare. Creata dal couturier amico pensando a lei e solo per lei e chiamata: *Interdit*.

A questo punto potrebbe apparire strano, ma non lo è. L'ultimo capitolo dell'esistenza di Audrey Hepburn non è fatto solo del dorato ritiro a Tolochenaz, il piccolo villaggio svizzero nel cantone di Vaud dove l'attrice si era trasferita verso la fine degli anni Sessanta, ma di immagini di sofferenza. Una dimensione, questa, che non stride con il resto. Perché affrontata con lo Stile di sempre. Infatti a partire dal 1988 l'attrice accetta l'incarico di ambasciatrice dell'Unicef a favore dei bambini che patiscono la fame. Sembra il riproporsi del gioco: finzione del grande schermo-realtà. Ma questa volta non si parla di moda e di eleganza. È la realtà più cruda. La vera realtà. Quasi trent'anni prima, nel 1959, la Hepburn infatti è Sister Luke in *Storia di una monaca* di Fred Zinnemann. Alla fine della sua esistenza, più che incarnare il ruolo di una suora laica in giro per il mondo, appare come la principessa buona, mai altera, che allevia le sofferenze con il suo sorriso. In cinque anni di attività al servizio

Audrey top model ante litteram. Le pagine delle riviste di moda più patinate se la contendono. Qui è la testimonial della collezione primavera-estate 1963 di Givenchy. Non solo per lei ma per tutte le donne. Purché raffinatissime.
Audrey as top model ante litteram. The pages of fashion's glossiest magazines contend for her. Here a testimonial to Givenchy's 1963 Spring-Summer collection. Not only for her but for all women. Provided they are sophisticated enough.

Vivid silk evening dress, left, narrowly curved to the body, with a décolletage like a night-blooming flower. (Made of gauzy dotted shantung. At I. Magnin.)

"Very teahouse," said Miss Hepburn, "It's like a tiger lily—a wonderful colour at night, radiant and life-giving. And it's tremendous when a dress can make you take on a different personality."

Cloqué silk déshabillé, right, printed in shades of china blue. At the front, a slightly lifted waist; at the back, loose folds falling to a miniature train.

"I love that long, narrow string-bean-with-a-bow look designed completely around the body with so much line it's almost as if you had nothing on. Very feminine. Very natural."

DRESSING AT GIVENCHY

dell'Unicef Audrey Hepburn sorride dando serenità in tutto il mondo. Dal Bangladesh all'Etiopia, al Sudan e al Vietnam. In Ecuador, Guatemala, El Salvador, Honduras e Venezuela. E l'anno prima di morire anche in Somalia. Un'esperienza che l'attrice racconta come una vera Apocalisse. Al suo fianco c'è Robert Wolders, il suo ultimo compagno. Dalle interviste di quell'ultimo periodo non emerge però sconforto o avvilimento. Ma la voce di una donna agguerrita che non si accontenta di fare da testimonial speciale a un'organizzazione. Anzi il suo motto è "Fatti, fatti: abbiamo bisogno di concretezza e non di retorica". Quando, a pochi giorni di distanza dal-

Altera e sublime. Inavvicinabile ed eterea. *Interdit.* **Come il nome dato da Givenchy al profumo creato solo per lei, e reso celebre da quest'immagine: è la prima volta che una diva presta il suo volto per pubblicizzare una fragranza.**
Stately and sublime. Unapproachable and ethereal. *Interdit.* Like the name given by Givenchy to the perfume he created exclusively for her. That became famous through this image: this was the first time that a star had lent her face to the publicity of a scent.

la sua scomparsa, avvenuta a Tolochenaz il 20 gennaio 1993, l'attrice viene sepolta nel piccolo cimitero del paesino svizzero non lontano da Losanna, è il principe Saddrudin Aga Khan a ricordarla pubblicamente nel modo più toccante. E non sono certo le immagini della protagonista di *Vacanze romane* e *Sabrina* a essere le protagoniste. Sono invece gli anni di fattiva attività a favore dell'Unicef a venire ricordati. E con impeto: "A differenza di molti diplomatici che stanno seduti ai tavoli e parlano tanto, lei si è messa a realizzare cose, in concreto. Quanti di questi diplomatici possono vantare di aver fatto quello che ha fatto lei? Non ha basato la sua attività su risoluzioni e carte, ma sull'amore, la compassione, la solidarietà, la carità. E lo ha fatto con straordinaria ispirazione. Le sue missioni sono state difficili, ha compiuto voli pericolosi in posti pericolosi. Io l'ho vista al lavoro. Ha preparato sempre tutto con grande scrupolo. L'Unicef non ha mai avuto un ambasciatore così valido. Quando è andata nei campi profughi, nello squallore delle tende, ha fatto così tanto con il suo sorriso, e ha portato tanto di più rispetto al genere di cose che l'Onu generalmente porta. Dobbiamo quindi pensare a Audrey, al suo sorriso. Nel suo mondo è stata un simbolo di eccellenza. Grazie Audrey, per essere stata questa fonte di ispirazione. Grazie, Audrey, au revoir".

REASONS FOR A STYLE

Gianluca Bauzano

"A woman is like an actress: she is always on stage. She must always look wonderful and feel good. Her dress should be a part of her, she should feel it on her body. I much prefer the woman – her face, body and hands – to be noticed rather than dress. The dress serves to cover her, to highlight certain attributes and enhance her beauty. Attention is therefore focused on the wearer. Then on the style and the details that form it. These details are first dismantled, before being recomposed to gain a better understanding – and finally an assimilation – of the matrix".

This is how the Franco-Tunisian stylist Azzedine Alaïa described her vision of female style in the mid-nineties. It is a contemporary image, appropriate for the final moments of a century galloping towards the year 2000. It's a portrait of a woman and a style that, despite having precise characteristics, cannot easily be restricted within a temporal ambit. For this is not an end-of-century style. It is Style.

For although it might seem overambitious to try and devise a female icon to fit this overwhelming frame, it is possible. What woman in recent history has influenced the choices of other women, often involuntarily, to the point of transforming them? The answer is Audrey Hepburn, although, of course, she wasn't the only one.

Audrey Hepburn starred in twenty-seven films. She made her debut in 1948 with a small part in *Nederlands in Zeven Lessen*. Her last performance was in 1989 in Steven Spielberg's *Always*. There's no doubt, however, that it was her royal smile as Anna in *Roman Holiday*, her mercurial transformations in *Sabrina* and as Jo in *Funny Face*, her blithe attitude to the world as Holly in *Breakfast at Tiffany's* and her strength of spirit as Karen in *The Children's Hour* that captured the collective imagination. The younger generation of those years had their hair cut like Anna's or (their choice influenced by the social class they belonged to) copied the clothes worn by any one of the gallery of characters Hepburn created.

It was in *Sabrina* that Audrey wore Givenchy's clothes for the first time. This was the start of a symbiotic relationship between cinema and fashion, with the actress as its central figure. It's a game in which cinema uses fashion to be *à la page*, as a means to dazzle and entertain. Meanwhile fash-

49

ion is reaching all corners of the globe and influencing everyone. Audrey Hepburn was at the centre of a phenomenon which Roland Barthes describes in *Mythologies* as "a trade-off prestige, a mythic aura between the creator of a dress and its wearer". Barthes explained this trade-off by starting with the seventh art and citing Hepburn as an example: "a creature for whom the world lacked adjectives and who, in the 1950s, made the clothes of Hubert de Givenchy celebrated throughout the world, and who in turn was consecrated by his genius".

The "trade-off prestige" that Barthes writes about also occurred with other film icons, such as Rita Hayworth, Katherine Hepburn, Marilyn Monroe, Grace Kelly, Marlon Brando, James Dean and Humphrey Bogart. Why is it that only Audrey Hepburn managed to become than an influential movie icon? The answer lies in the fact that Audrey's style was not manufactured by a studio. It grew from a variety of qualities, including physical attributes, that were not restricted simply to a professional context.

Edda Kathleen van Heemstra Hepburn-Ruston (Audrey's real name) was born in Brussels on 4 May 1929, the daughter of the Irish banker John Victor Anthony Hepburn-Ruston, second husband of the Dutch Baroness Ella van Heemstra. Audrey spent the early years in the castle of Doorn, which belonged to her mother's aristocratic Dutch family. A maternal grandfather was governor of Surinam in Guyana. After her parents separated Audrey went to boarding school in England. She returned to live with her mother in Arnhem, where they remained throughout World War II. They were years of desolate deprivation. Audrey threw herself into studying ballet. As a member of the aristocracy, ballet and music were two art forms considered most appropriate.

Even in early adolescence Audrey showed the promise of the woman she would one day become. Despite the rubble and desperation of war, there was that glorious interplay between soul and features, features and soul. Audrey had inherited the refinement of her aristocratic family, a breeding passed down through its ancient line. When she grew up and became an actress, therefore, she had no difficulty breathing life into her gallery of characters.

This was demonstrated by her interpretation of Eliza Doolittle in *My Fair Lady*, the cockney flower girl transformed by Professor Higgins. For when Audrey puts on the big, wide-brimmed hat for Ascot it was not just Hepburn on the screen that we saw. Unconsciously, she evoked the charm of ladies of past eras. Like the Marquise Luisa Casati Stampa di Sonci-

Insieme nella vita. Insieme come modelli sulle riviste di moda. Mel Ferrer e Audrey Hepburn posano per la rivista 'Life'. E si divertono a raccontarsi in questa nuova dimensione.
Together in life. Together as models in the fashion magazines. Mel Ferrer and Audrey Hepburn pose for 'Life'. And find amusement in telling their story in a new dimension.

For further information on patterns and fabrics, see page 164

Below left: Off to a party in a softly sculptured dress of silvery mauve antique acetate taffeta (Burlington). Beautiful bodice-fit results from a Talon zipper at side. Deep red ribbon makes the contour belt and the tiny bows on the shirred sleeves. Skirt is gathered only at the sides. Simplicity Pattern 4294. Muff by Winter Furs.
Below right: Our big star likes to entertain at home (just as you do). Here, she wears a one-piece lounge suit of washable leopard-printed cotton corduroy. Fabric by Juilliard. Simplicity Pattern 4337.

MORE ⟩⟩⟩

the big star

in clothes you can make for your important appearances

AUDREY HEPBURN, 1954's biggest star on stage and screen, plays the sprite in Broadway's Ondine with charm, finesse. Her co-star is MEL FERRER, the brilliant movie actor . . . also well known as a director, writer and co-producer of the La Jolla Playhouse, California

RICHARD AVEDON

the star at night

in glamorous date or at-home fashions that you can make

Elegant separates for evening . . . a favorite of Audrey Hepburn's. Here, with co-star Mel Ferrer, she wears a white faille halter with a flowing, tapestried skirt of white and gray woven rayon and silk. Halter, Simplicity Pattern 4359; skirt and cummerbund, Simplicity Pattern 4776. Fabrics by Duchess

RICHARD AVEDON

Opposite: A star's preference in a coat . . . this dashing sweep of vermilion chinchilla with a large, dramatic collar (to wear curved flat over the shoulders or turned up high). The coat is Simplicity Pattern 4750, in Milliken's blend of wool and Orlon. Grandoe gloves.
Below: In the daytime, Miss Hepburn likes a classic, uncluttered dress. This one is a molded princesse, in a heather beige Lucette (Milliken's washable mixture of Orlon and wool). Dress, Simplicity Pattern 4762, comes with a small bolero-jacket, not shown. Buttons down front of dress by La Mode. Bangle bracelets by Castlecliff

For further information on patterns and fabrics, see page 164

MORE ⟩⟩⟩

no Amman, for example, who was painted by Paul-César Helleu as an Eliza-type character. This aristocratic Milanese lady lived at the turn of the century and was described by Jean Cocteau as being capable of not merely "pleasing but stunning too". And every shot of Natasha in *War and Peace* lingered on specific physical details. The absorbed, yet penetrating gaze, the ivory throat, the melancholy smile, the long tapering hands resting on the brown curls of lovelorn girl. These are the same details Prud'hon emphasized in 1805 in his celebrated portrait of the Empress Josephine. As Natasha Audrey looks not so much like a copy of the portrait, but its embodiment. And the little black dress Holly Golightly wears at the beginning of *Breakfast at Tiffany's* is fascinating because it hints at a blue-blooded manner developed over the centuries. The same manner, in fact, captured by John Singer Sargent in his 1884 portrait of *Madame X*, alias Virginie Avegno Guatreau. This ability was something no film school could have taught her.

We'll now return to Audrey's gaze, a gaze which illuminated all her characters. Her slightly almond-shaped eyes, a focus of immediate, are a mirror of her soul. They reflect a smile often radiant with a childlike candour. This candour remained with her to the end of her life when she was working to relieve suffering as an ambassador for Unicef. And then there was her neck, that slender support for her face, austere as that of a Greek *kóre*. In their photographs, Beaton and Avedon captured the sinuous beauty of her graceful neck.

With good posture, however, these features would not have the same impact. They would not have added up to Style. And this is where ballet – the actress's 'tutelary numen' – played its part. Between 1939-1945 Edda/Audrey took ballet lessons and dreamed of a career as a ballerina. At the end of the war she moved to Amsterdam where her teacher was Sonia Gaskell, one of Holland's most famous names. It was while she was studying with Gaskell that Charles Huguenot discovered her and included her in his documentary *Nederlands in Zeven Lessen*. This was in 1948, the year when Edda van Heemstra Hepburn became Audrey Hepburn. She joined the celebrated ballet school, which had nurtured talents of genius like Vaslav Nijinsky, run by Marie Rambert. And it was ballet that got Audrey into films. For in 1952 she played Nora, a young Irish ballerina, in Thorold Dickinson's *The Secret People*.

The British thriller starred Valentina Cortese, the Italian actress to whom Hepburn owed her first big break. Cortese had been struck by the grace and elegance of the shy, waif-like teenager who screen-tested for the part of the younger

Lo stile inscalfibile di una personalità. Anche reinventata da questo scatto di Avedon, la Hepburn trionfa con la sua aristocratica bellezza. The untarnishable style of a personality. Even here, reinvented in this photo by Avedon, Hepburn triumphs with her aristocratic beauty.

sister who goes around walking on her points. *The Secret People* gave Audrey much more than just her first credit. From this moment on her career took off with the force of a powerful *grand jeté*.

Ballet was to remain a constant in Audrey's film work. It also shaped her physically. The elegance of her movements, for example, and the way she held her head, arms and feet – things that were reminiscent of Rudolf Nureyev's unique and unforgettable partner, Margot Fonteyn. In her films the dance sequences always marked a crucial point in the narrative. Wasn't it an official ball that opened *Roman Holiday* and marked Eliza Doolittle's social debut in *My Fair Lady*? And it was while dancing the gavotte between the imposing columns of Tsarist Russia, or a foxtrot in the Larrabee mansion, that Natasha Rostov and Sabrina experienced the ecstasy of en-countering the person they believed was their one true love. In *Funny Face*, too, it was dance that marked the pivotal mo-ment. Audrey, sheathed in a black leotard (launching that gar-ment's popularity with women), first throws herself into an ex-istentialist solo, then a three-step and finally, dressed as a bride, throws herself into the arms of Fred Astaire to finish with an impressive two-step outside.

Working with Astaire meant an enormous amount to Audrey, both professionally and privately. Hubert de Givenchy, who did the costumes for *Funny Face*, tells of her emotions decla-ration when she said: "Fred, how many women have dreamed and longed to dance with you. I was able to do it. I was and am very happy to have had that magical opportunity".

"And think – Givenchy adds – that to shoot that scene, which took place in spring garden of a church – we had to plant im-itation flowers one by one. Because the reality was that Paris was very cold then. At the end of each take Audrey had to rush off to put on a heavy woollen sweater".

Audrey Hepburn's first series of films brought her immediate success. But she didn't embody the Style yet. Even though she had an aristocratic manner, she was only nineteen when she got her first part as a KLM air hostess in *Nederlands in Zeven Lessen*. Six more movies followed in four years: *Laugh-ter in Paradise* (1951), *One Wild Oat* (1951), *The Young Wives' Tale* (1951), *The Lavender Hill Mob* (1951), *The Secret People* (1952) and *Monte Carlo Baby/Nous irons à Monte Carlo* (1952). It was during the filming of *Monte Carlo Baby* (once again it was the intervention of Valentina Cortese, now a close friend, that resulted in her taking the part), which gave Audrey the opportunity to meet Colette. For unknown to Hepburn, the writer had watched her screen-test for the film at the Hotel de

Scatti rubati
a una pellicola?
Assolutamente.
Lo stile Hepburn
ormai non è solo
legato alla celluloide.
Vita privata e riflettori
sono uniti dallo
stesso defilato
charme. Subito
imitatissimo.
Shots stolen from a
film? Nothing like that.
The Hepburn style is
by now not confined
to celluloid. Private life
and reflectors are
united by the same
shy charm.
Immediately imitated.

Paris in Monte Carlo and immediately decided that the young actress would be perfect for *Gigi*. On 24 November 1952 the musical based on Colette's novel was staged on Broadway with Audrey in the title role. She was a huge success. (After *Gigi* she also played the lad in another play, *Undine*, a romantic fable by Jean Giraudoux starring alongside Mel Ferrer. A few months later he had become her first husband. The marriage produced her eldest son, Sean).

We have now come to the moment Audrey's history when the

style she presented on screen began to influence reality. It was 1953, the year of *Roman Holiday* and the credits said she was making her "screen debut".

The film was an enormous success and won Hepburn an Oscar. As a result female cinema-goers began to identify with her. It wasn't her ball dress that they copied, however, it was the short hairstyle. They also copied the combination of what looked like a man's white shirt and long, full skirt clinched with a belt. This, in fact, was a casual reinterpretation of the New

Audrey Hepburn

"Two for the Road"

Audrey raccontata da Ken Scott nel book del marzo 1966 di figurini per gli abiti di scena di *Due per la strada*. E tutto è curato nei minimi particolari, dalle linee ai colori, dai modelli alle misure. Dettagliatissime: 24 centimetri la punta petto, 46 la lunghezza vita davanti, 106 la lunghezza normale, 39 le spalle, 77 il seno e 57 la vita. Da 85 a 88 i fianchi, 35 il collo e 50 il giro gamba. Audrey in a Ken Scott version in the March 1966 sketch book for the costumes for *Two for the Road*. And all executed in the tiniest particulars, from lines to colours, models, measurements. Highly detailed: breast 24 cm, front waist 46, normal length 106, shoulders 39, bust 77 and waist 57. Hips from 85 to 88, neck 35 and round leg 50.

Look that Dior launched ten years earlier. It was a synthesis of three elegant qualities: simplicity, comfort and elegance.

Audrey was increasingly becoming the embodiment of Style. The sort of style which, as Azzedine Alaïa says, the dress serves to cover the body and enhance the beauty of its wearer, her face, body and hands.

Which was what happened with the fashion breakthrough achieved in *Roman Holiday*. High fashion aspired to a refined and, at times, abstract elegance reserved exclusively for women with perfect bodies and ample means. Cinema, on the other hand, showed casual clothes (a term only coined in the 1960s) that were much more realistic and wearable. Casual clothing, which used cotton, linen, rayon and jersey, was comfortable and practical and fitted the decade. The first role model of this fashion was Audrey herself. In *Roman Holiday* she plays the part of a rebellious young princess who dresses with the simplicity and artful carelessness of a teenager. She was unique in placing herself halfway between *haute couture* and what today would be straightforward *prêt-à-porter*. And she managed it without diminishing either one or the other.

It's easy, therefore, to see why the actress quickly became an icon with a huge amount of media clout. It even gave rise to a 'Hepburn syndrome', to which even Maria Callas ('La Divina') became a victim. She was so captivated by Audrey's image that in 1953 she underwent a radical transformation modelling herself on the star. The film director Franco Zeffirelli said that, at the beginning of the 1950s, "Callas was a good forty kilos overweight, so she decided to go on a diet. To inspire herself she carried round a signed photograph that Hepburn has given her during the making of *Roman Holiday*. She would prop it up against the mirror in all her dressing rooms. She was always looking it, making the achievement of Audrey's slenderness her target. And in the same year of 1953 the singer managed to lose 36 kilos. What's more, Audrey's evanescent image had so captivated her, she copied her hairstyle and eye make up, too. Hepburn continued to be a fashion role-model for the singer, exercising a profound influence on Callas's style of dress". In fact, one of the most famous images of Callas is the photograph taken of her in the mid-sixties wearing a little black dress. The singer's poise, dress and allure immediately conjured up the opening of *Breakfast at Tiffany's* with Audrey/Holly.

After *Roman Holiday* in 1954 came *Sabrina* and the meeting with Givenchy. The designer recalls their first meeting thus: "I found before me a young woman. On her head was a boaster with Venice written across it. She wore a T-shirt and a pair of

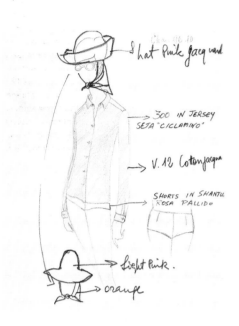

ankle-length trousers. I was taken by surprise. She explained who she was and what she wanted. I replied that I had no time to design clothes for a film. She said she was crazy about my style. So I said she could choose some garments from the collection to wear for the film, if she so wished".

In *Sabrina* we see Audrey, transformed by her stay in Paris, entering the Larrabee's home from the garden for her first dance with David/William Holden. Her dress is sumptuous, her movements aristocratic, her essence fragile. This image was to reverberate like a drum roll.

Her partnership with Givenchy was lifelong. "Whenever Audrey did a contemporary film she always asked me to design her dresses – he says – and we were always on the same wavelength. She was a unique woman. She knew she was doing and what she wanted. The rapport between us was splendid". In the eighteen remaining films that Audrey starred in – from *Love in the Afternoon* to *Breakfast at Tiffany's*, from *Charade* to *Paris when it Sizzles*, from *How to Steal a Million* to *Bloodline*, excluding costume dramas or those without a contemporary setting – the symbiotic relationship between the two Hs, Hubert and Hepburn, remained constant. And because cinema has borne witness to its times like no other artform, mirroring reality with a product that is also fiction, the public became increasingly aware of this. According to Vieri Razzini it is an ambiguous witness, "and in relation to modes of dress, it is wholly ambiguous. As though playing a big game, cinema has imposed every sort of shape and style of clothing. And above all it has imposed ideas of elegance and a taste for luxury, exaggeration, excess mixed with unrepeatable ingenuity and sophistication. I could also be said that cinema made use of fashion, which it modified to suit its stars and their characters".

Ultimately, however, it was Hepburn herself who used the film medium and imposed her own style as a woman on it. Even her personal wardrobe was closely bound up with her image on the big screen. But this was not because she was a slave to it. On the contrary. With her elegance and fragility she would transform the clothes she had chosen and give them an enduring essence. Givenchy explains that the actress "was always in quest of a detail, something more, that would give the garments she wore in her films a personal touch, something that was more distinctive than mere elegance".

What he is describing is her uniqueness of Style. This might be expressed by a pair of the sunglasses that Hepburn wore all the time. And they were always the perfect choice with exactly the right frame (and aren't sunglasses worn by all the

Dal disegno alla realtà. E lo stile è inconfondibile. Anche se ridotto all'essenziale.
From design to reality. And the style is unmistakable. Even though reduced to essentials.

sibyls of the fashion world today?). Then there were her hats. The ones she wore in Wilder's 1957 movie *Love in the Afternoon* sent sales of this accessory rocketing. The shoes she loved were the celebrated low-heeled ballet-type shoes. The sort of flat-soled pumps that in recent seasons have been seen on all catwalks. Her overcoats were short and severe, their lines anticipating a trend that is overdone today and called minimalism. While a pair of ankle-length trousers matched with a white T-shirt, so called 'Capri wear', or a black leotard foreshadow the current street style or sports wear. And again the legendary little black dress worn in *Sabrina* and *Breakfast at Tiffany's* still remains an enduring classic.

Callas's dress designer, Biki, claimed that the little black dress was the singer's 'battle dress' for her society evenings. Recently it was been reinvented by Gianni Versace who, with his own particular genius, has brought it back into the mainstream. He subjected the ultimate expression of this century's irreducibly simple style to a violent attack that practically destroyed it. Then in 1994 he gave it back to us transformed into something audaciously voluptuous. And in the new Holly Golightly of the moment was Elizabeth Hurley. But instead of Holly's Tiffany diamonds, Hurley had a row of punk safety pins pinning the side vent. The sensuality of the image was as strong as Audrey/Holly's in the opening shots of *Breakfast at Tiffany's*. The fact that in one instance the body is glimpsed through precious stones and in the other through safety pins does not matter. It is the black dress that is striking. By producing it in both white and red, Versace demonstrated the timelessness of its essential quality, which was something Audrey Hepburn had already realized when she all but made it her symbol.

Giorgio Armani's statement, "Life is a film and my clothes are its costumes" is not actually so hyperbolic. Take another of Hepburn's films, *Funny Face* (1957). It wasn't just her face that triumphed, it was also Givenchy's clothes. The world of fashion is the frame of the film. It's like an earlier version of Altman's *Prêt-à-porter* ante litteram: so quite so savage but still caricaturing the same world. The satire on Diana Vreeland and the portrait of the high-fashion couturier, however, was considered by Givenchy to be misconceived and stereotypical. The film is also an ironic tribute to fashion photographers, with Fred Astaire playing the mirror image of the young Richard Avedon. As for Hepburn, she is on the catwalk throughout. In the bookstore where she works as a shop assistant at the start of the film she wears a pinafore dress that would make the most diehard minimalist green with envy. Then there's the Parisian

Anche Franco Moschino aveva compreso che l'eleganza è semplicità. E non stress. Ne aveva fatto così il suo inno in occasione della mostra veneziana nel 1991 a Palazzo Fortuny intitolata: *L'abito oltre la moda.*
Franco Moschino, too, understood that elegance means simplicity. And no stress. That was the tune he played at the Venice show at Palazzo Fortuny in 1991 titled: *Dress beyond fashion.*

Audrey Hepburn doppiamente al centro del mondo della moda: come modella anni Settanta con alcuni capi realizzati da Valentino e come spettatrice a una sfilata dello stilista italiano. Seduta al fianco di un coinvolto Luchino Visconti. Audrey Hepburn doubly at the centre of the fashion world: as nineteen-seventies model with some clothes by Valentino, and as spectator at a show by the same designer. She sits beside a deeply involved Luchino Visconti.

cave where she dances in a black leotard, and the fashion runways where she models her friend Givenchy's entire collection. Fashion and cinema celebrate each other and live through each other.

But this never crushes Audrey Hepburn's personality. Because to quote one of Franco Moschino's ironically sarcastic fashion maxims: "Ideal dress = no stress & no dress". Meaning that a dress should neither stress nor dress too much, but simply underline what is already there. Which is exactly what Audrey Hepburn always achieved. In the films that followed *Funny Face* she always managed to look perfect. It didn't matter if she was dancing wildly in a Paco Rabanne creation with metal disks, or strolling along wearing one of Ken Scott's rustling floral prints, or again showing off her long legs in a Mary Quant mini-skirt. Stanley Donen's *Two for the Road* (a title that was anything but an accidental choice) is the film that showcased this new fresco of mid-sixties' styles.

So cinema became fashion and fashion was embodied by its stars, who continued to promote the famous dress designers

by wearing their creations off-screen. Hepburn did this with her inimitable elegance. She was featured on the covers and pages of numerous magazines, from 'Life' to 'Harper's Bazaar'. She became the model used by Givenchy and Valentino for their publicity campaigns. And Givenchy used her face to publicize his perfume. It was the first time a famous actress had done anything like this, but the scent had been created especially for her and her alone. It was called *Interdit*.

The last chapter of Audrey's life was not spent exclusively in the affluent retreat of Tolochenaz, the Swiss village in canton Vaud where the actress settled at the end of the sixties. It was also dedicated to helping those who were suffering. This aspect of her life does not clash with the rest, however, because it was done with her usual Style.

In 1988 the actress agreed to become an ambassador for Unicef working on behalf of starving children. It could seem like a replay of the contrast of the fiction of the big screen and reality. But Audrey was not involved with fashion and elegance now, she was involved with a much harsher truth. Thirty years earlier Hepburn had played Sister Luke in Fred Zinnemann's *The Nun's Story*. At the end of her life she took on the role, not of a lay sister travelling the world, but of a good princess who alleviates suffering with her smile. During her five years of service in Unicef Audrey's smile brought serenity to the whole

world: Bangladesh, Ethiopia, Sudan, Vietnam, Ecuador, Guatemala, El Salvador, Honduras and Somalia. She returned to Somalia just one year before she died. It was an experience the actress described as a "true Apocalypse". At her side was her last companion, Robert Wolders. In the interviews she gave during this period there was no hint of discouragement or dejection. She spoke with the voice of a woman who was not prepared to serve merely as a figurehead for an international organization. Her motto was "Action, action: we need concrete action, not rhetoric".

She died at Tolochenaz on 20 January 1993 and was buried in the village's small cemetery not far from Lausanne. It was Prince Saddrudin Aga Khan who offered the most moving commemoration of her. And it was not the images if the heroine of *Roman Holiday* that he recalled, but her years of active work for Unicef.

"Unlike many diplomats who sit at a table and talk a lot, – he said – she set about doing something concrete. How many diplomats can say they've achieved as much as she has? She didn't base her actions of paperwork and resolutions, but on love, compassion, solidarity and charity. And she did it with an inspiration that was extraordinary. Her missions were not easy. She made dangerous flights to dangerous places. I saw her at work. She always prepared scrupulously for everything. Unicef has never had such a worthwhile ambassador. When she went into the refugee camps, into the squalor of the tents, she took her smile with her. Her manner greatly enhanced respect for the United Nations. So we should think of Audrey and of her smile, which in her world it was a symbol of excellence. Thank you, Audrey, for having been this source of inspiration. Thank you, Audrey. Au revoir".

L'altro volto del lusso e della raffinatezza. Sempre Valentino Couture 1969-1970. Da una cappa in tripla organza, questa volta in seta bianca, ispirata alla corolla di una rosa, sboccia il volto di Audrey.
The other side of luxury and sophistication. 1969-70 Valentino Couture again. Audrey Hepburn's face peeps out from a hood in triple organza this time in white silk inspired by the corolla of a rose.

CAMMINANDO CON AUDREY

Gianni Salvaterra

*"Non dipingi alla perfezione.
Dipingi facce sulle tende
delle finestre e non ti
vengono perfette"
"Le tende delle finestre
sono tutto quello che ho,
e le facce sono tutto quello
che ho"*

Gregory Corso,
'Dialoghi del reparto
Osservazione per bambini'

Un ritrovato percorso, una prolungata armonia. Il tema base di questo percorso rimanda alla forma originale in legno del piede di Audrey Hepburn realizzata nel 1954 da Salvatore Ferragamo con l'attenzione e l'impegno dell'artigiano-scultore, consapevole fino allo spasimo che il proprio lavoro può fissare in pura geometria il palpito dell'originale vivente.

Tale forma (conservata presso il Museo Salvatore Ferragamo in Firenze), da lungo tempo muta, quasi assente, attendeva di farsi ancora nucleo d'origine di ulteriori invenzioni e nuovi incontri. Matrice di tante creazioni subito assunte a simbolo di eleganza (allo stesso tempo inedita ed archetipa) lo era stata fin dall'origine; sempre difesa e sempre reinterpretata.

Poi... il silenzio di una vitalità irrecuperabile l'aveva forse innalzata alle tenere regioni del ricordo, ma anche l'aveva indurita in maniera interrotta del rimembrare che non matura.

Chi sapeva più vedere nel suo colore già appassito, tra le rughe del legno da cui è stata ricavata, i resti molecolari delle diverse materie e colori cui aveva dato possibilità di essere oggetto compiuto e fruibile? Chi vedeva ancora nelle scalfitture dell'ago, dello spillo, del chiodo, l'istante perfetto di adesione intima tra l'idea e il risultato?

D'improvviso, dal luogo incognito da cui partono sempre le tenaci intuizioni che presiedono ai racconti poetici, ecco giungere una risposta possibile alle domande, al desiderio.

Si tratta in effetti di undici risposte offerte da altrettanti artisti del nostro tempo, universalmente affermati e riconosciuti, ai

Forma originale
in legno del piede
di Audrey Hepburn,
creata da Salvatore
Ferragamo nel 1954.
Firenze, Museo
Salvatore Ferragamo.
Original wooden last of
the Audrey Hepburn's
foot, created by
Salvatore Ferragamo
in 1954.
Florence, Museo
Salvatore Ferragamo.

quali non è precluso l'interno fremente di potenziali nominazioni nascosto nell'anima degli oggetti che popolano la vita dell'uomo e che sempre attende di essere rivelato nell'opera d'arte di cui l'uomo è capace.

Questi undici artisti dalle origini più diverse e dai più diversi comportamenti sono tuttavia uniti indissolubilmente dal partecipare con piena coscienza dello stesso tempo storico: il nostro. Essi hanno applicato il proprio intervento alla forma in legno di cui dicevamo prima, riferendosi separatamente alle suggestioni di film interpretati da Audrey Hepburn.

Gli undici oggetti d'arte, frutto di tale comune percorso, armonizzati dalle irreversibili differenze d'origine hanno dato luogo ad un caleidoscopio d'immagini le cui sfaccettature restituiscono intero il senso imprendibile ed allo stesso tempo plastico del percorso di donna e di artista compiuto da Audrey Hepburn.

Quanto ha camminato Audrey dentro di sé, e nel mondo? Spostandosi con umana passione e comprensione dalle eleganze stordenti di un mondo contesto di luci preziose alle strade polverose della più misera Africa diseredata.

Quanto spazio ha recuperato alla grazia femminile con la ferma determinazione della sua arte e del suo temperamento innato nei rapporti quotidiani col mondo?

Inquantificabili le emozioni suscitate, gli ardori.

E poi... la tenerezza che rimane dentro quando la materia di un racconto d'arte veritiero pare sovrapporsi, cancellandolo, al limite faticoso della nostra esistenza.

Migliaia di proiezioni filmiche in tutto il mondo, milioni di esseri umani proiettati oltre se stessi verso l'illimite.

E, infine, ultima proiezione della sua 'lanterna magica' quella forse più sua e che ancora continua nel mondo.

Se qualcuno chiama, rispondere dei richiami, scegliere i più disperati, quelli che giungono da più lontano, senz'altro, prima di tutto quelli che giungono da dentro di chi risponde.

Questo è l'universo di arte e di amore che hanno inteso cogliere gli undici artisti avendo a pretesto la forma del piede ed i capolavori filmici.

Dentro a tale grammatica hanno lavorato, profondamente consci del proprio compito fino a dar forma a tutto l'inconscio: Marina Abramović (*Sabrina*), che ha colpito di rossi baci e profumo un irraggiungibile ricordo; Arman (*Colazione da Tiffany*), che incornicia di incorruttibile memoria lo sfaldarsi della memoria; Louise Bourgeois (*Come rubare un milione di dollari*), che ricompone più nella mente che nella materia un candido disinganno; Christo (*Guerra e pace*), quanta sostanza cosmica nei suoi ideogrammi, quanta segreta materia copre questo

Marina Abramović,
Sabrina.
Forma in legno baciata dall'artista con labbra tinte di rossetto e cosparsa di profumo 'L'Interdit', creato da Givenchy nel 1957 (profumo usato da Audrey Hepburn).
Wooden last covered with red lipstick kisses and sprayed with perfume 'L'Interdit' made by Givenchy in 1957 (perfume worn by Audrey Hepburn).

Louise Bourgeois,
How to Steal a Million.
Calco in gesso della forma originale in legno con la firma dell'artista in pennarello rosso indelebile su un lato.
Cast in plaster from the original last in wood. Signed in permanent red marker on the side.

Kenny Scharf,
Funny Face.
Forma in legno dipinta con colori acrilici. Firmata e datata nella parte inferiore.
Wooden last and acrylic paint. Signed and dated on the bottom.

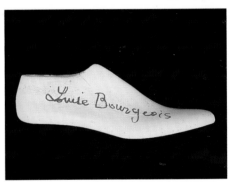

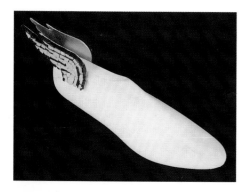

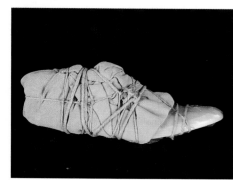

Enzo Cucchi,
Two for the Road.
Forma in legno
con ali a mosaico di
ceramica. Nella parte
inferiore è firmata e
datata dall'autore.
Wooden last with
wings in ceramic
mosaic. Signed and
dated on the bottom.

Christo,
War and Peace.
Forma in legno
ricoperta con tessuto,
corde e polietilene.
Nella parte inferiore
è firmata e datata
dall'autore.
Fabric, ropes,
polyethylene and
wooden last. Signed
and dated on the
bottom.

piccolo involucro di tenerezza; Enzo Cucchi (*Due per la stra-da*), volare insieme, ad altro luogo con l'anima di Icaro; Yasumasa Morimura (*Vacanze romane*), metamorfosi rovesciata per tornare all'origine; Kenny Scharf (*Cenerentola a Parigi*), così presente nel linguaggio che più apre i cuori; Andres Serrano (*Insieme a Parigi*), quanto incorruttibile splendere dissacrando; Daniel Spoerri (*Sciarada*), che ha racchiuso l'anima dentro sbarre di luce; Lawrence Weiner (*Arianna*), che verso sera ama disorientare il corso degli astri; e Franco Fontana (*Camminando con Audrey Hepburn*, portfolio fotografico di dieci foto raffiguranti le dieci opere d'arte), che con duplice occhio indaga l'unica sua possibile verità.

Di questi artisti sapevamo già molte cose; della loro vocazione a un'armonia universale che insieme a loro e ad altri, sparsi in tutti i tempi e in tutti gli spazi, forse è condivisa soltanto dagli astri che da immisurabili distanze osservano il tutto, fino nell'intimo, eternamente.

Da oggi sappiamo di loro qualcosa in più che riguarda insieme a Audrey tutti noi.

La forza dell'ironia forse, che insegna, dice Claudio Magris: "... a rispettare i disguidi e le contraddizioni della vita, lo sfasamento fra il diritto e il rovescio di un foglio, che non combaciano anche se sono la stessa cosa, fra il tempo e l'eterno, fra il linguaggio e la realtà...".

Certo anche questo hanno voluto dirci gli undici autori che hanno collaborato, applicando la propria visione dell'esistere ad un umile oggetto, implicandolo in un percorso in divenire che afferma la certezza di esistere.

In fine, avremmo voluto con noi altre presenze: Magritte, che ci rimanda allo spaesamento delle sue *Scarpe Piede*; Max Ernst, ricordo il suo profilo di pittore con testa di luna e corpo di stivali a scarpe sovrapposte ammiccanti a una stralunata statua della Libertà; Andy Warhol, che decorava scarpe femminili con fantasie di fiori e racemi affinché si distinguesse più profondamente la loro unicità ripetuta; Domenico Gnoli, affascinato, angosciato spesso, dalla solenne distanza di una calzatura osservata e disegnata in totale silenzio.

Ma questi artisti e tanti altri sono già con Audrey in luoghi altissimi, altrove e insieme con lei partecipano, senz'altro, come diceva ancora Magris: "... di quel misterioso territorio anarchico e felice nel quale si posa il piede solo quando si è usciti di scena, non importa da quale...", felicemente.

WALKING WITH AUDREY

Gianni Salvaterra

"You don't paint nice.
You paint faces
on window shades
and you don't make
them look nice"
"Window shades is all I got,
and faces is all I got"

Gregory Corso
'Dialogues from Children's
Observation Ward'

A path regained, a harmony prolonged. The basic orientation of this path recalls the original last in wood of Audrey Hepburn's foot made in 1954 by Salvatore Ferragamo, with the care and commitment of a craftsman-sculptor working with a, so to say, 'concert-pitch' sensitivity of his ability to catch in pure geometry the quiver of the living original.

This last (preserved at the Museo Salvatore Ferragamo in Florence), long silent, well-nigh absent, awaited the opportunity to become once more a generative nucleus of further inventions and new encounters. From the outset, it was the matrix of many creations that were immediately exalted to symbols of elegance (at once virgin and archetypal); always defended and always reinterpreted.

Then... the silence of an irrecoverable vitality may have relegated it to the tender realms of remembrance, but had also hardened it in the interrupted fashion of a remembrance that fails to mature.

Who could now perceive in its now faded colour, among the wrinkles of the wood of which it was made, the remains of the various materials and hues that it had helped to transform into finished and usable objects?

Who could perceive in the scratches made by needle, pin and nail the perfect instant of intimate meld of conception and outcome? All at once, from the unknown source of the tenacious insights that control poetic romance, here was a possible reply to the questions, to the wishes.

Daniel Spoerri,
Charade.
Forma in legno
contenuta da una
trappola in metallo
e legno. Nella parte
inferiore la scritta
"The Audrey Hepburn
art rat foot trap"
(trappola artistica
per il piede di Audrey
Hepburn), la firma e
la data "19-12-98".
Wooden last inside
a metal mouse trap.
Signed and dated
on the bottom
with inscription
"The Audrey Hepburn
art rat foot trap".

Eleven responses came, offered by eleven artists of our time, universally established and acknowledged. They were able to glimpse into the quivering inwardness of potential themes concealed within the core of the objects that fill human life, that always await their manifestation in the works of art humanity can encompass.

These eleven artists, of the most diverse origins and achievements, are nonethless indissoluble linked in belonging with full awareness in one and the same moment of history: our own.

Each has worked on the aforesaid wooden last, relating in their own individual ways to the promptings of the films Audrey Hepburn starred in.

The eleven works of art are the fruit of this common route and, in their harmony from the irreversible differences of origin, have created a kaleidoscope of images whose different facets restore entire the fugitive yet also plastic meaning of Audrey Hepburn's odyssey as woman and consummate artist.

How far did Audrey travel within herself and through the world? Moving with human passion and understanding from the dazzling elegance of a world of garish glitter to the dusty roads of Africa's poorest, most dispossed corners?

How much space did she restore to female grace with the strong determination of her art and her inborn temperament in her everyday relations with the world?

The emotions and ardours she awoke lie beyond all calculation. And then... the tenderness that abides within, even when the stuff of true-to-life tale appears to overlay and to efface the weary confines of our existence.

Thousands of film screenings all over the world, millions of human beings projected outside their own skins to where there are no more bounds.

And, lastly, the final scene of her 'magic lantern', the one perhaps most her own and that still endures in the world.

If someone calls, answer the summons, choose the most desperate calls, those coming from furthest away, as a matter of course, and, before all others, those that come from within the one at the other end of the line.

This is the universe of art and of love that these artists have sought to encompass, taking their cue from the last of her foot and her film masterpieces.

Within this framework and deeply conscious of their task, they have striven to give shape to the whole unconscious. Marina Abramović (*Sabrina*) prints an unattainable memory with red kisses and perfume; Arman (*Breakfast at Tiffany's*) frames the crumbling of memory in incorruptible memory; Louise Bourgeois (*How to Steal a Million*) recomposes an innocent disen-

Yasumasa Morimura,
Roman Holiday.
**Foto incollata sul
plexiglas e forma
in legno su supporto
di metallo color oro.
L'opera è firmata e
datata sul plexiglas
con pennarello e sulla
parte inferiore della
forma in legno a matita.**
Photo on plexiglas
with wooden last on
golden metal support.
Signed and dated in
pencil on the bottom
of the wooden last,
and signed and dated
on the plexiglas in
black marker.

Arman, *Breakfast
at Tiffany's.*
**Collage e stampa
su carta. La scritta
sull'opera "Breakfast
at Tiffany" e la firma
in basso a destra
sono in pennarello
nero.**
Wooden last, paper,
collage, tempera and
acrylic paint. Signed
in permanent black
marker with inscription
"Breakfast at Tiffany".

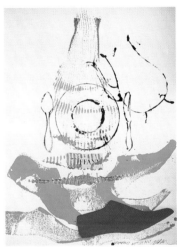

chantment more in the mind than in matter; Christo (*War and Peace*) lavishes his ideograms with cosmic substance, covers this small wrapping of tender feeling with a wealth of secret matter; Enzo Cucchi (*Two for the Road*), flying away together with the soul of Icarus; Yasumasa Morimura (*Roman Holiday*), a metamorphosis reversed in order to return to the starting point; Kenny Scharf (*Funny Face*), so present in the language that most opens hearts; Andres Serrano (*Paris when it Sizzles*), what incorruptible splendour even while desecrating; Daniel Spoerri (*Charade*) encloses the soul within bars of light; Lawrence Weiner (*Love in the Afternoon*) towards evening loves to divert the course of the stars; and Franco Fontana (*Walking with Audrey Hepburn*, a portfolio of ten photographs depicting the ten works of art) whose twofold gaze explores his only possible truth.

Of these artists we already knew many things: their vocation for a universal harmony that, together with themselves and others, scattered throughout time and space, is shared perhaps only by the stars that from immeasurable distances look down on everything, into its inmost depths, for ever.

As from today, we know something about them that concerns both Audrey and all of us. The force of irony, perhaps, which, as Claudio Magris says, teaches us, "... to respect the mishaps and contradictions of life, the inconsistency between the upper and lower sides of a leaf, that fail to tally even though they are one and the same thing, between time and eternity, between language and reality...".

And this, too, was undoubtedly what the eleven artists who collaborated sought to tell us, by applying their own vision of existence to a humble object and involving it in a developing path that affirms the certainty of being.

Lastly, how much we could have wished to summon other presences! Magritte, who perplexed us with his *Shoe Feet*; Max Ernst – I recall his profile of a painter with a moon for head and boots for body made of superimposed shoes and blinking at a flabbergasted Statue of Liberty; Andy Warhol, who decorated women's shoes with fantasies of flowers and racemes in order that their repeated uniqueness might be more profoundly distinguished; Domenico Gnoli, fascinated, often anguished, by the solemn distance of a shoe observed and drawn in total silence.

But these artists and many others are already with Audrey in exalted places, elsewhere; and, together with her, they surely partake, as Magris once more has it, "... of that mysterious realm, anarchic and blissful, where one sets foot when one has quitted the scene, no matter what scene...", blissfully.

Le dieci foto di Franco Fontana che seguono riproducono gli originali contenuti nel portfolio *Walking with Audrey Hepburn*, raccolti da un cofanetto in tessuto nero. Ogni foto è firmata, datata e numerata. L'edizione in 10 copie numerate 1/10 è a cura dell'Audrey Hepburn Children's Fund.

The ten original photos of Franco Fontana, in the following pages, are contained in a black cloth-covered portofolio titled *Walking with Audrey Hepburn*, published by the Audrey Hepburn Children's Fund in a limited edition of ten. Each photo is signed, numbered and dated "Franco Fontana 1/10 1999".

Marina Abramović
Sabrina

**Ambientazione e foto
di Franco Fontana**
Set Design and Photo
by Franco Fontana

Arman
Breakfast at Tiffany's

Ambientazione e foto
di Franco Fontana
Set Design and Photo
by Franco Fontana

Louise Bourgeois
How to Steal a Million

**Ambientazione e foto
di Franco Fontana**
Set Design and Photo
by Franco Fontana

Christo
War and Peace

Ambientazione e foto
di Franco Fontana
Set Design and Photo
by Franco Fontana

Enzo Cucchi
Two for the Road
**Ambientazione e foto
di Franco Fontana**
Set Design and Photo
by Franco Fontana

Yasumasa Morimura
Roman Holiday

**Ambientazione e foto
di Franco Fontana**
Set Design and Photo
by Franco Fontana

Kenny Scharf
Funny Face

Ambientazione e foto
di Franco Fontana
Set Design and Photo
by Franco Fontana

Andres Serrano
Paris when it Sizzles

**Ambientazione e foto
di Franco Fontana**
Set Design and Photo
by Franco Fontana

Daniel Spoerri
Charade

Ambientazione e foto
di Franco Fontana
Set Design and Photo
by Franco Fontana

Lawrence Weiner
Love in the Afternoon

Ambientazione e foto
di Franco Fontana
Set Design and Photo
by Franco Fontana

anatomia di un volto singolare anatomy of a singular face

La prima volta che incontrai quella creatura unica che è stata Audrey Hepburn fu nel 1953, quando mi fu chiesto di fotografare l'ennesima giovane stella della Paramount. In quel periodo ragazze giovani e carine andavano e venivano a Hollywood, ma quando vidi Audrey, rimasi completamente disarmato. Non era come mi aspettavo (e francamente credo che per nessuno fosse come uno si immaginava dovesse essere una giovane promessa di Hollywood). Emanava un che di speciale e di rassicurante. Aveva il portamento di una ballerina, unito ai modi di una ragazza perbene, e questo mi piacque immediatamente. Mi accorsi subito che Audrey era una persona del tutto singolare.

La prima cosa che notai (in quanto fotografo, sono un attento osservatore; e quel giorno non solo osservai Audrey, ma il truccatore, il parrucchiere e tutti coloro che lavoravano in sala di posa), fu il modo in cui la trattavano: era considerata una stella famosa, non l'ultima arrivata. Era circondata da un alone di distinzione che tutti sembravano vedere, e (cosa rara per Hollywood) era trattata con il dovuto rispetto.

Questo rispetto non venne mai meno in tutti gli anni in cui lavorai con lei sul set di molti film e nel tempo libero che passammo insieme. Non ho mai incontrato nessuno a cui lei non piacesse e a cui lei, dovrei dire, non ispirasse un sentimento d'amore. Non ho mai sentito parlare male di lei (altra cosa rara nel mondo dello spettacolo).

Lavorare con lei è sempre stato un piacere. Era una vera professionista. Sempre puntuale alle riprese, sempre pronta ad accogliere i suggerimenti dei registi (anche quando sapeva che erano sbagliati).

È stata una delle donne più belle che abbia mai fotografato. Tuttavia ho sempre percepito che la sua bellezza era l'espressione di una qualità interiore che s'irradiava su tutti coloro che la circondavano. Forse era questo che uno riconosceva?

Alla fine di una pesante giornata di lavoro, aveva sempre un sorriso non solo per me, ma per chiunque. Sono stato legato a lei da sentimenti di profonda amicizia, e se mi avesse chiesto di accompagnarla su qualsiasi set, avrei abbandonato tutto pur di seguirla. Non c'è nessun altro nel mondo dello spettacolo per cui avrei agito in questo modo e sono certo che il mio sentimento è stato condiviso da molti.

Quando Sheridan Morely scrisse il suo necrologio sul 'Sunday Times' disse: "Ho incontrato molte Windsor, molte principesse d'oltreoceano, anche se solo per brevi periodi. Ma l'unica vera principessa che abbia mai davvero conosciuto è stata Audrey Hepburn, ed è stata anche l'ultima". Morely aveva messo a nudo l'opinione di molti e lo aveva fatto al meglio.

Incontrare Audrey è stata una grazia; penso spesso a lei, quando lavoro sulle foto che le ho scattato, e al tempo che abbiamo trascorso insieme. Negli ultimi anni della sua vita era diventata il portavoce dell'Unicef: una scelta perfetta. Ha dedicato la vita ai bambini del mondo che non hanno una voce propria. Il suo amore riscalda ancora oggi il cuore di coloro che l'hanno conosciuta.

È esistita una sola Audrey Hepburn.

Bob Willoughby

The first time I encountered this unique spirit, was in 1953, when I was assigned to photograph 'another' young starlet over at Paramount Studios. Pretty young girls come and go all of the time in Hollywood, and in meeting Audrey, I was completely disarmed. She was not only what I didn't expect. (Frankly I don't think she was what anyone had come to expect of a young actress in Hollywood). She had this special presence, and confidence. The bearing of a dancer, and a really nice young lady, that I immediately liked. But no doubt about it, I knew then she was someone special.

The first thing I noticed (naturally as a photographer I am always watching; not only Audrey in this case, but the makeup, hairdresser and all of the people working that day in the portrait gallery), is that I was amazed to see that they treated her as if she were a known star, and not the new kid on the block. She had this special quality about her that everyone there seem to recognize (and even more unusual in Hollywood), and was treated with due respect. That never changed in all of the years I worked with her on many films and in our private times together. I have never met anyone who didn't like her, and more would say they loved her. I've never heard a bad word spoken about her (also rare for the theatrical world). Working with her was always a pleasure. A total professional. Always on time of filming, always ready to take the directors suggestions (even if she knew they were wrong). She was one of the most beautiful women I have ever photographed, and yet, I felt all her beauty came from inside, and it radiated out to everyone around her. Perhaps that is what everyone recognized?

There was always a smile at the end of a long day, not only for me, but for everyone. She was my friend, and if she had asked me to go with her on any location, I would have dropped everything and go. There was never anyone else in the film world that I would say that about. I'm sure I would not have been alone in this feeling either.

Sheridan Morely writing in the 'Sunday Times', in his tribute to her death said: "I have, I think, met most female members of the House of Windsor, and a reasonable selection of overseas royals, albeit briefly. The only true princess I ever met was Audrey Hepburn, and she was quite clearly the last". You see he too felt what everyone else I knew felt, and was able to express it so well. It was a grace to have known her, and I think of Audrey so often when I am working with my photographs of her, and the times we had together.

In later years she was the perfect choice to be the spokesperson for Unicef. At the end, she literally gave her life for the children of the world that had no voice of their own. Her love is still radiating out to those she touched.

There was only one Audrey Hepburn.

Bob Willoughby

Nelle pagine precedenti un'intensa immagine del volto di Audrey Hepburn in una foto pubblicitaria della Paramount per l'uscita del film *Cenerentola a Parigi* di Stanley Donen nel 1957.
Previous pages: an intense image of Audrey Hepburn's face in a still published by Paramount for the release of Stanley Donen's *Funny Face* in 1957.

"Come potrei fare la modella? – domanda Audrey Hepburn nei panni di Jo a Fred Astaire, nel film Dick. – Non mi faccio nessuna illusione sul mio aspetto. Credo anzi di avere una faccia buffa". "È proprio quello che trovo interessante", risponde Dick.
In questa battuta è l'essenza del volto di Audrey.
"How could I be a model?" Jo (Audrey Hepburn) asks Dick (Fred Astaire). "I don't have any illusions about my looks. In fact I think I've got a funny face." Dick: "That's just what I find interesting." The essence of Audrey's face lies in this exchange.

I denti irregolari, la mascella pronunciata le sopracciglia arcuate e folte, il naso lungo, dalle narici dilatate, rendevano il volto di Audrey non perfetto.
I suoi capelli, per usare un'espressione di Cecil Beaton, sembravano rosicchiati dai topi.
Ma i suoi occhi da cerbiatto avevano un'espressione così intensa e mutevole, innocente e maliziosa allo stesso tempo, che parlavano da soli.
Il suo sorriso era incantevole, radioso e malinconico, assolutamente unico.
The uneven teeth, marked jaw, thick, arching eyebrows, and the long nose with its flaring nostrils were all idiosyncrasies of Audrey's face. Her hair, to quote Cecil Beaton, looked mice had nibbled at it. But her deer-like eyes had an intense, elusive expression, innocent and knowing at the same time, that made them eloquent. Her smile was enchanting, radiant, and melancholy, absolutely unique.

La capacità di stare di fronte all'obiettivo di Audrey Hepburn era straordinaria. Riusciva ad essere sempre naturale, spontanea, mai impacciata o forzata. Docilmente, senza smanie di protagonismo, accondiscendeva alle richieste dei fotografi. È stata una delle attrici più fotografate del mondo.

Audrey was a remarkably good subject for the camera. She could act natural, spontaneous, never awkward or forced. Mildly, without a trace of temperament, she fell in easily with the photographer's demands. She was one of the world's most photographed actresses.

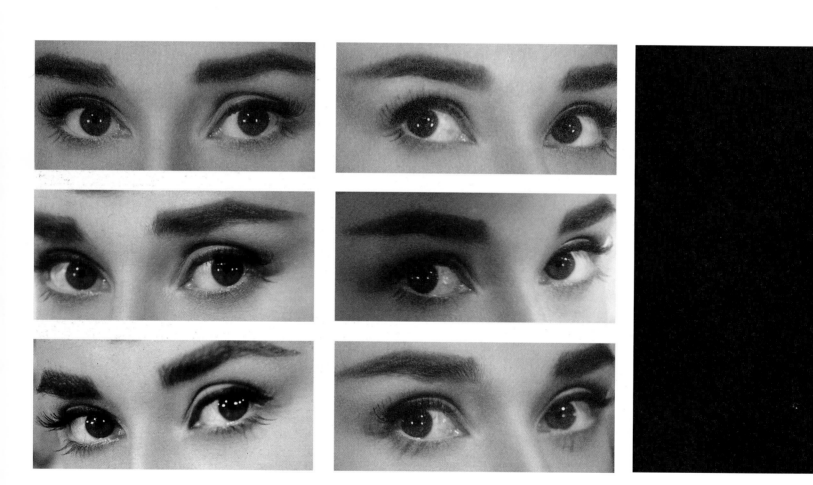

Gli occhi sono il tratto più distintivo del volto di Audrey: occhi grandi, scuri, magnetici, intensi, capaci di evocare emozioni, passioni, sentimenti.

Her eyes were the most distinctive feature of Audrey's face: they were big, dark, magnetic, intense, capable of evoking emotion, passion and sentiment.

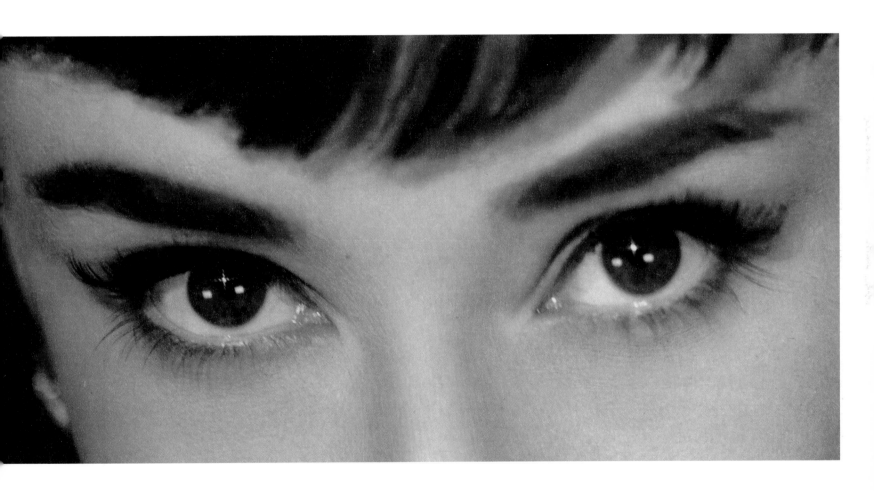

**Alcune fotografie
di Audrey scattate
a Roma nel 1955.**
Photos of Audrey
in Rome, 1955.

**La Hepburn nel 1956
sul set di** *Cenerentola
a Parigi.*
Hepburn in 1956 on
the set of *Funny Face.*

Un momento di allegria durante le faticose riprese nel Congo Belga del film di Fred Zinnemann *Storia di una monaca* (1959), il più amato da Audrey Hepburn. L'attrice offrì una superba interpretazione del ruolo di una suora in un lebbrosario africano, che sembra anticipare il suo futuro impegno umanitario nel Terzo Mondo come portavoce dell'Unicef.

A light-hearted moment during the gruelling days on location in the Belgian Congo with Fred Zinnemann, making *The Nun's Story* (1959), Audrey Hepburn's best-loved film. The actress was superb in the part of a nun in an African leper hospital, foreshadowing her future humanitarian work for Unicef.

La dolcezza del sorriso di Audrey catturata dalla macchina fotografica di Gina Lollobrigida. The enchantment of Audrey's smile captured in a snap by Gina Lollobrigida.

Tre espressioni meditative
di Audrey nel film *Quelle
due* di William Wyler,
dove recita il ruolo della
dolcissima Karen.
La storia fece all'epoca
scandalo per la scabrosità
del tema trattato.
La vicenda era incentrata
su due giovani
insegnanti, che vengono
ingiustamente accusate
da un'alunna di lesbismo.
La bambina viene creduta,
la scuola perde le alunne
e il fidanzamento di Karen
viene rotto. Nel finale
a sorpresa, Martha,
interpretata da una
straordinaria Shirley
MacLaine, confessa
all'amica che i reali
sentimenti che prova per
lei non sono solo di pura
amicizia e si impicca.

Three meditative
expressions in William
Wyler's *The Children's
Hour*, in which she played
the sweet-natured Karen.
The theme of the film
caused a scandal at the
time: two young teachers
are unjustly accused of
having a lesbian relationship
by their pupil. The child
is believed, the school
loses pupils and Karen's
fiancé breaks off their
engagement. In the
surprise ending, Martha,
outstandingly played
by Shirley MacLaine,
confesses to feelings for her
that go beyond friendship
and then hangs herself.

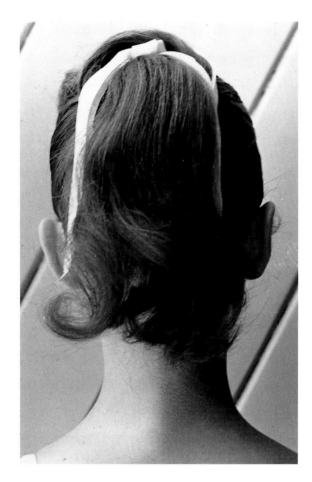

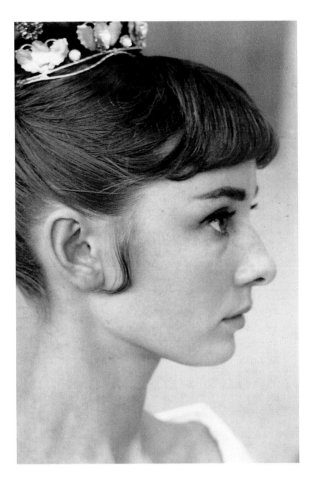 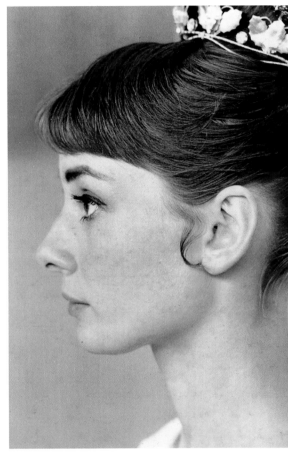

"Aveva grandi occhi scuri, la bocca larga... vivace, allegra, piena di vita... Il suo collo e le sue braccia erano magri... Le spalle erano esili, il seno appena accennato... questa era Natasha in tutta la sua bellezza: un piccolo miracolo di candore e di magia". Così Tolstoj descrive la protagonista di *Guerra e pace*. Nessuno meglio di **Audrey Hepburn** avrebbe potuto interpretarne la versione cinematografica.

"She had big dark eyes, a full mouth... vivacious, light-hearted, full of life... Her neck and arms were thin... Her shoulders were slender, her breasts the slightest swelling. This was Natasha in all her beauty: a tiny miracle of purity and enchantment." With these words Tolstoy evokes the figure of Natasha in *War and Peace*, and Audrey was ideal for the part.

Una sequenza del film
Insieme a Parigi,
girato nel 1962 da
Richard Quine.
One sequence of
Paris when it Sizzles,
made in 1962
by Richard Quine.

la danzatrice the dancer

Appena l'ho vista ho capito che sarebbe stata perfetta per il ruolo di mia sorella Nora. La giovane ballerina protagonista al mio fianco di *The Secret People*, un *British spy thriller*, come lo chiamano in Inghilterra, che stavo girando a Londra con Thorold Dickinson. Mi colpì la sua esile figura, slanciata e aggraziata, dai grandi occhi da cerbiatta che scrutavano impauriti tutto quanto le stava intorno. Non sapevo come si chiamava e tantomeno che poi sarebbe diventata Audrey Hepburn, ma avevo capito che quella gracile ragazzina di ventitré anni aveva qualche cosa in più delle altre adolescenti accorse ai provini per il film.

Ci siamo incrociate al bar degli studios alla fine delle selezioni. E lei era stata scartata da Dickinson. Ma non lo sapeva ancora. Mi guardò e mi chiese: "Pensa mi abbiano preso?". Rimasi imbarazzata. Ma compresi che dovevo fare qualcosa. Mi precipitai dal regista e lo obbligai a cambiare il suo verdetto. Mi adorava. E così mi ascoltò. Gli spiegai che quella ragazzina era perfetta per quel ruolo. Il modo di muoversi, l'eleganza della sua postura, la grazia. Come non rimanerne colpiti. E inoltre, inventai anche una somiglianza. Non c'era. Ma poco importava. Dickinson alla fine mi ascoltò. E Audrey venne scelta. Non mi sbagliavo. Nelle scene di ballo era perfetta. Non sembrava un'attrice che tentava di fare la ballerina classica. Era entrambe. Quando ricordo Audrey che balla mi viene in mente Carla Fracci. In un certo senso, anche se solo in piccola parte, le accomuna lo stesso candore, la stessa levità nei movimenti, la stessa grazia. La luce del viso che, sia in Audrey allora, sia in Carla tuttora, illumina il volto. In scena come nella vita.

Durante la lavorazione della pellicola diventammo molto amiche. Anzi io la trattavo davvero come la mia sorellina più piccola. Dopo l'uscita del film ricevemmo bellissime critiche. E iniziammo a presenziare ai pranzi di gala e alle serate nei club più esclusivi di Londra. Giocavamo a fare le donne fatali. Era il periodo in cui era di moda anche tra le donne fumare il sigarillo. Io e Audrey, complici scherzose, ci presentavamo in pubblico fumando piccoli sigari posti su lunghi bocchini. Ci divertivamo davvero.

Dopo *The Secret People* ci perdemmo di vista, ma rimanemmo in contatto telefonico. Audrey mi considerava una sorella maggiore alla quale a volte chiedere qualche consiglio. E fu ancora una volta il mio intervento che la spinse ad accettare un nuovo ruolo proposto. Non voleva perché era più piccolo del precedente. Io insistetti perché era in una produzione prestigiosa: *Vacanze a Monte Carlo*, il francese *Nous irons à Monte Carlo* di Jean Boyer. Il mio affettuoso consiglio fu ancora una volta la sua fortuna. Durante la lavorazione del film all'Hotel de Paris Colette la vide e le chiese immediatamente di interpretare a Broadway il ruolo di Gigi. Un trionfo.

Poi la vita ci ha divise. Ci siamo incontrate diverse volte a Roma e in qualche occasione a Parigi. Poi è uscita di scena. Con garbo. In silenzio, sulle punte.

Valentina Cortese

The moment I saw her I realized she was perfect for the part of Nora, my young ballerina sister in *The Secret People*, a British spy thriller directed by Thorold Dickinson. I was struck by the slender grace of her figure and the big doe eyes that gazed awestruck at everything around her. I didn't know her name – even less than one day she would be Audrey Hepburn – but I was aware that the willowy 23-year-old had a certain something that other teenagers who flocked to screen tests lacked.

We bumped into each other at the studio cafe after the auditions were over. Dickinson had decided against her, but she didn't know that yet. She glanced at me and asked, "Do you think I've got it?" I was embarrassed, then realized I had to do something. I hurried over to Dickinson to persuade him to change his mind. Because he adored me, he was prepared to listen to what I had to say. I insisted she was perfect for the part. The graceful way she moved, her elegant posture – how could he not see it? I even said there was a physical resemblance between us. There wasn't, but I didn't matter. In the end Dickinson came round and Audrey got the part.

And I was proved right because she was perfect in the ballet scenes. She didn't look like an actress trying to play a ballerina. She was both. When I think of Audrey's dancing, I'm reminded of Carla Fracci. They share something of the same purity, the same lightness of movement, the same grace. The radiance that illuminated Audrey's face then illuminates Carla's now. On stage and off.

During the making of the film we became close friends. In fact, I treated her as if she really was my younger sister. The movie received wonderful reviews when it came out. We started going to gala dinners and evenings that were held in some of London's most exclusive clubs. At that time it was fashionable for women to smoke cigarillos, so Audrey and I would make public appearances puffing cigarillos in long holders. We had great fun.

After *The Secret People* we went our different ways, but kept in touch by phone. Audrey considered me a sort of big sister she could turn to every now and then for advice. I was the one who pushed her to accept a part in Jean Boyer's *Monte Carlo Baby* (*Nous irons à Monte Carlo*), for example, which she was reluctant to do because it was smaller that the part she'd had before. I did so because it was a prestigious production. Once again my intervention was a fortunate one. While filming a scene at the Hotel de Paris, Audrey was spotted by Colette who immediately asked her to play the title role of *Gigi* when it transferred to Broadway. And that was a triumph.

After this life took us on our separate ways. We met up a number of times in Rome and occasionally Paris. Then she exited the stage. Gracefully. Silently. Like a ballerina. Walking on her points.

Valentina Cortese

Audrey studiò danza
al Conservatorio di
Arnhem e a Londra,
alla famosa scuola
di Marie Rambert.
Si dedicò alla danza
con grande serietà,
ma fu presto evidente
che la sua eccessiva
statura le avrebbe
impedito di diventare
una prima ballerina.
Audrey studied
ballet at the Arnhem
Conservatoire and
at Marie Rambert's
famous school in
London. She devoted
herself wholeheartedly
to ballet but it was
soon clear that her
height would block
a career as a prima
ballerina.

Nel film inglese *The Secret People*, diretto nel 1951 dal regista Thorold Dickinson, Audrey Hepburn interpreta il ruolo di Nora, una giovane ballerina, che insieme alla sorella, Valentina Cortese, è alla ricerca del padre scomparso.
In the British movie *The Secret People*, directed in 1951 by Thorold Dickinson, Audrey Hepburn plays Nora, a young dancer who, together with her sister (Valentina Cortese), is looking for her father, who has disappeared.

Gli anni di studio come ballerina classica hanno conferito ad Audrey quella postura perfetta, quell'armonia dei movimenti, quel modo di camminare come se il corpo non avesse peso, che rendono il suo fascino irresistibile.
Years of study as a ballerina gave Audrey perfect posture, graceful movements, a way of walking as if her body was weightless, endowing her with irresistible charm.

Negli studi Ponti-De Laurentis a Roma nel 1955, l'attrice prova i passi del celebre ballo di *Guerra e pace*, diretto da King Vidor. Protagonista maschile del film è Mel Ferrer, che Audrey aveva sposato il 25 settembre 1954.
At the Ponti-De Laurentis studios, Rome 1955: the actress tries out her steps for the celebrated ballroom scene in *War and Peace*, directed by King Vidor. Mel Ferrer played the male lead. Audrey married him on 25 September 1954.

"Natasha ballava
eccellentemente.
I suoi piedini nelle
scarpette da ballo
di raso facevano
il loro dovere, veloci,
rapidi e indipendenti
da lei, mentre il viso
le splendeva
nell'entusiasmo
della felicità."
Lev Tolstoj

"Natasha danced
marvellously. Her
little feet in their
dancing shoes did
their duty, flickering,
rapid, independent
of her, while her face
was lit up with eager
happiness."
Lev Tolstoy

Nel 1956, durante
le prove del film
di Stanley Donen
Cenerentola a Parigi,
Audrey ritorna alle
faticose esercitazioni
alla sbarra e alle
interminabili prove
con il maestro Eugene
Loring, che insieme
a Fred Astaire firma
le coreografie del film.
In 1956, during the
making of Stanley
Donen's *Funny Face,*
Audrey returned to
ballet exercises and
endless rehearsals
with Eugene Loring,
who devised the film's
choreography with
Fred Astaire.

**Audrey Hepburn
a Parigi con il regista
Stanley Donen.
"Stanley – scrive
Audrey – è un maestro
della regia. La sua
conoscenza della
macchina da presa,
della coreografia,
del colore, della
costruzione e della
storia, la sua fantasia
e immaginazione sono
sconfinate. Ma ciò
che lo rende un genio
è che combina tutte
queste straordinarie
qualità con un'infinita
comprensione della
vita degli altri e dei
loro sentimenti.
È grazie all'enorme
sensibilità di Stanley,
alla sua pazienza e
alla sua ironia che
attori insicuri come
me ritrovano quella
tranquillità e quel
coraggio necessari
per dare il meglio
di se stessi".**

Audrey Hepburn
in Paris together
with Stanley Donen.
"Stanley – writes
Audrey – is a master
movie-maker. His
knowledge of camera,
choreography, colour,
design and story,
his fantasy and
imagination are
boundless. But what
makes him a genius is
that he combines all
these extraordinary
talents with an infinite
understanding of life
of people, of feelings.
It is Stanley's
enormous sensitivity,
patience and humour,
that have given
insecure actors
like myself the
reassurance and the
courage they need
to give their best".

In *Cenerentola a Parigi* Audrey affronta la scatenata danza degli 'Enfaticalisti', una parodia dei balli in voga in quel periodo presso l'avanguardia intellettuale. In questa sequenza del film l'attrice dimostra tutte le sue doti di ballerina.
Funny Face: Audrey dances a parody of the kind of dances in vogue among the intellectual avantgarde of the day. This sequence showcases her gifts as a dancer.

In queste scene di
Cenerentola a Parigi
Audrey inaugura
una nuova moda:
maglione a collo alto
e pantaloni aderenti
neri, calzini bianchi
e mocassini.
In these dance scenes
Audrey started a new
fashion: high-necked
sweater and tight
trousers, white socks
and mocassins.

Mel Ferrer e Audrey
Hepburn il 5 febbraio
1957 provano il ballo
di *Mayerling*, una
costosa produzione
televisiva della NBC
girata a New York
sulla tragica storia
d'amore del principe
Rodolfo d'Asburgo e
della sua amante
Maria Vetsera.
15 February 1957:
Mel Ferrer and Audrey
Hepburn rehearse
the ballroom scene
in *Mayerling*, a big-
budget TV production
made in New York.
It tells of the tragic
relationship between
Prince Rudolf of
Hapsburg and his
mistress Maria
Vetsera.

**Audrey si lancia in
un twist sfrenato
nel 1962, in una pausa
delle riprese del film
Insieme a Parigi.**
The actress twisting
wildly, off the set of
Paris when it Sizzles
in 1962.

il sentimento dell'eleganza the sense of elegance

Audrey non aveva frequentato nessuna scuola di recitazione, non aveva mai sentito parlare di Strassberg, non aveva l'abitudine di provare di fronte allo specchio. Aveva le qualità innate dell'attrice e non era mai forzata, ma spontanea, vivace e naturale.

Quando la scelsi come protagonista di *Sabrina* aveva appena vinto l'Oscar per *Vacanze romane.* Ma non aveva assunto l'atteggiamento tipico di chi ha ottenuto l'ambito premio. Era rimasta umile, se stessa. Mi ricordo ancora il giorno in cui arrivò sul set per girare la prima scena del film. Tutti noi ci innamorammo immediatamente di lei.

Qualche anno dopo la chiamai nuovamente per il film *Arianna*, ambientato a Parigi. Audrey doveva interpretare il ruolo della figlia di un detective (Maurice Chevalier). Il modo in cui gli parlava, lo abbracciava, si rivolgeva a lui, non lasciava dubbi: erano un padre e una figlia. Era impossibile non crederle. Era così e basta. Audrey sapeva abbracciare un uomo, sapeva farti sentire che era innamorata di te, che tutto era vero, quello che diceva e quello che sentiva. Era così convincente che anche il suo partner non poteva che reagire nello stesso modo. Ti trascinava nella realtà. Capiva fino in fondo il personaggio che doveva interpretare e conquistava l'attenzione del pubblico in una maniera così sottile che già dall'espressione del viso ti immaginavi quello che avrebbe detto.

Era inoltre una persona modesta. Quando parlava di un premio che aveva ottenuto o delle buone recensioni dei giornali su una sua interpretazione, non si vantava mai, ma sottolineava che il merito era stato delle tante persone che l'avevano aiutata.

Per le attrici del cinema è difficile decidere che cosa fare a cinquanta, cinquantacinque anni. La maggior parte di loro continua a recitare perché essere attrici è la loro vita, è il motivo della loro esistenza. Audrey Hepburn ha interpretato un meraviglioso terzo atto... e fu scelta da Dio per questo lavoro.

Billy Wilder

She had not gone to Acting Schools, she didn't eared the word Strassberg, she didn't repeat in front of a mirror. She just was born with this kind of quality and she made it look so unforced, so simply, so easy.

She was not playing the Oscar winner. She was humble. I remember the very first day when she came on the set when we were just through the very first shot, everybody on the set had fallen in love with her.

In *Love in the Afternoon* which had been in Paris and her father was a private detective (Maurice Chevalier), the way she talked to him, the way they embraced, the way they looked at each other, it was father and daughter, there was no doubt about it. She made she would believe it. That was it. She knew how to embrace a man... to make you feel she fallen in love... she made it true, she made what she said and what she felt.

She made it so clear that the partner had to react the proper way. She drew into reality. She understood the character and she demonstrated to the audience in a very subtle way then you always know what was going to her mouth.

She was born modest. When she talked about getting an award, getting good reviews, she will always bring up the help that she got.

The difficult of the stars naturally is what do they do if they are fifty or fifty-five? Well there are some that were born actresses and it's their life... and what does a foremer honest to goodness stars do.

Audrey Hepburn chose a wonderful third act... and she was made by God for this job.

Billy Wilder

Nelle pagine precedenti, Audrey posa come Sabrina negli studi della Paramount nel 1952 con una maglia aderente, fuseaux neri e le scarpe a ballerina, tipiche del suo stile.
Previous pages: at the Paramount studios (1952) Audrey poses as Sabrina in a figure-hugging pullover, close-fitting trousers and ballet-shoes, a feature of her style.

L'attrice nel 1953 durante le riprese di *Vacanze romane*, il film che la rese celebre. Indossa una camicetta bianca con gonna a ruota e sandali bassi allacciati alla caviglia: un insieme che sarà presto copiato dalle giovani donne di quegli anni. I costumi erano stati disegnati da Edith Head, ma l'idea del foulard al collo e della cintura alla vita erano trovate di Audrey, che influenzava con il suo innato buon gusto le scelte dei costumisti e dei sarti.
Con lei sono il regista William Wyler, Eddie Albert nella parte del fotografo e Gregory Peck. Di lui Audrey scriverà: "È davvero un uomo di grandi dimensioni... Grande nell'animo, nella compassione, nella generosità e nell'integrità morale".
The actres during filming of *Roman Holiday* in 1953, the film that made her famous. She wears a white blouse, flared skirt and low sandals fastened at the ankle. The costumes were by Edith Head, but it was Audrey who had the idea of the neck scarf and belt. With her instinctive flair she often influenced costume designers and stylists.
With her in the photos are the director William Wyler, Eddie Albert as the photographer, and Gregory Peck. Of Peck Audrey wrote: "He is a tall man indeed... tall in spirit, compassion, generosity and integrity."

Alcune metamorfosi di Audrey celebrate dal cinema. Il taglio dei capelli in *Vacanze romane* la trasforma da principessa, un po' retro, in una donna moderna e sbarazzina. L'impacciata e intellettuale libraia di *Cenerentola a Parigi* viene scelta per impersonare la nuova 'Donna Quality' dal fotografo di moda Dick Avery (Fred Astaire). A Parigi diventa una donna di grande fascino, grazie agli abiti del sarto Paul Duval, pseudonimo di Givenchy. La storia era ispirata alla vita di Richard Avedon, uno dei più celebri fotografi americani, che aveva preparato e lanciato una delle sue modelle, e in seguito l'aveva sposata. La direttrice della rivista di moda, Maggie, interpretata da Kay Thompson, si ispirava alle due regine della moda, Diana Vreeland di 'Vogue' e Carmen Snow di 'Harper's Bazaar'.

Some of Audrey's metamorphoses celebrated in the cinema. The cropped hairstyle in *Roman Holiday* transformed her from a rather staidly dressed princess into a carefree, modern woman. The awkward, intellectual bookshop-worker in *Funny Face* is chosen by the fashion photographer Dick Avery (Fred Astaire) to embody the new 'Quality Woman'. In Paris she becomes an enchanting woman thanks to the creations of Paul Duval, representing Givenchy. The story was inspired by the life of Richard Avedon, one of the most celebrated American photographers, who trained and launched one of his models and ended up marrying her. The fashion review editor, Maggie, played by Kay Thompson, was modelled on the two queens of fashion, Diana Vreeland of 'Vogue' and Carmen Snow of 'Harper's Bazaar'.

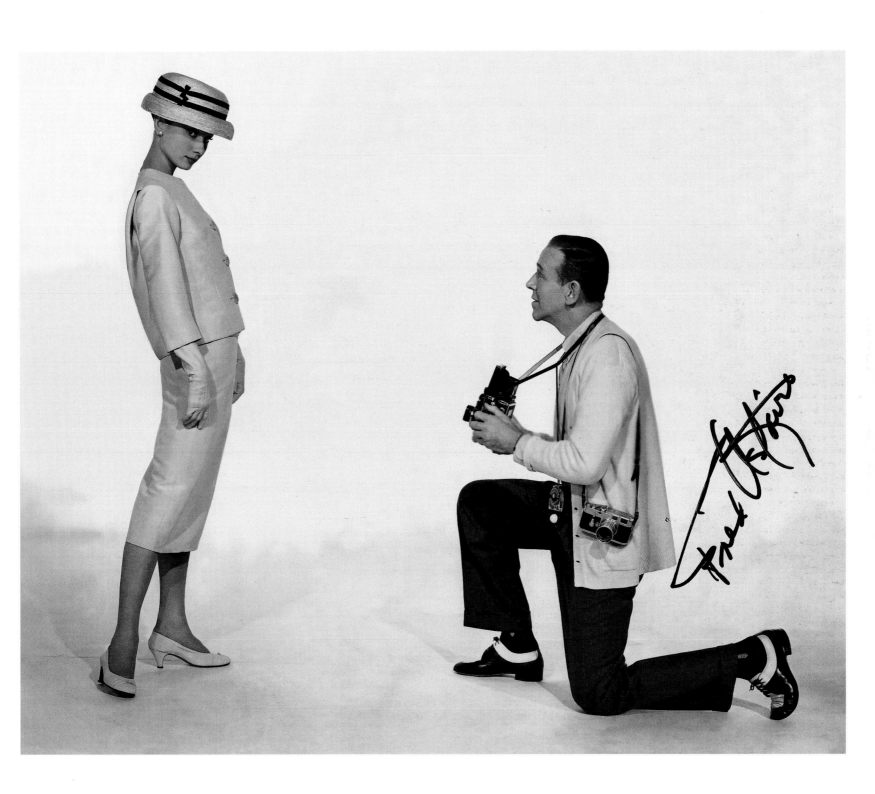

Nelle pagine
precedenti due abiti di
scena di *Cenerentola
a Parigi* tra quelli che
più hanno influenzato
la moda del periodo.
A destra: Audrey
Hepburn è con Fred
Astaire sul set di
Cenerentola a Parigi.
Per Fred fu una
simpatia a prima vista;
per Audrey fu una
delle sue più grandi
gioie professionali:
danzare con uno dei
ballerini più famosi
del nostro secolo,
il primo in assoluto
al di fuori del balletto
classico.
Previous pages:
two costumes for
Funny Face, of the
many that influenced
fashion in the period.
Right: Audrey Hepburn
and Fred Astaire on
the set of *Funny Face*.
Fred at once took
to Audrey, while for
her it was a great joy
professionally to
dance with one of
the greatest dancers
of this century outside
ballet.

Audrey Hepburn
con Stanley Donen,
il regista del film.
L'attrice indossa due
capi classici del suo
stile: il foulard dalle
dimensioni ridotte,
legato sotto il mento,
e l'impermeabile corto
con cappuccio, che ne
sottolineano l'aspetto
adolescenziale
e innocente.
Audrey Hepburn
with Stanley Donen,
the film's director.
The actress wears two
garments that were
hallmarks of her style:
the scarf knotted
below her neck and
the short, hooded
raincoat which
heightens her
innocent, adolescent
charm.

**Audrey Hepburn e
Gary Cooper in una
delle scene conclusive
del film *Arianna* di
Billy Wilder, uscito nel
1957, ma finito di
girare l'anno prima.**
Audrey Hepburn and
Gary Cooper in one
of the final scenes
of Billy Wilder's
Love in the Afternoon,
released in 1957 but
shot the year before.

**Audrey Hepburn in
Cenerentola a Parigi.
Il film rappresenta
l'apoteosi dell'arte di
Givenchy, il grande
sarto francese e
inseparabile amico,
che ha contribuito al
mito dell'eleganza di
Audrey.**
Audrey Hepburn
in *Funny Face*.
The film was the
apotheosis of the art
of Givenchy, the great
French stylist and
Audrey's close friend,
who did much create
the Hepburn myth.

Il taglio essenziale e la costruzione geometrica dei cappotti di Givenchy si adattavano perfettamente al gusto personale di Audrey, che aveva da sempre dato la preferenza alla semplicità.
A sinistra e al centro: Audrey con George Peppard e Blake Edwards sul set di *Colazione da Tiffany*, girato nel 1960 a New York, ma presentato al pubblico nel 1961.
A destra: Peter O'Toole e Audrey Hepburn in *Come rubare un milione di dollari* di William Wyler, un film del 1966.
The simple style and geometrical cut of Givenchy's coats matched Audrey's personal taste.
Left and centre: Audrey with George Peppard and Blake Edwards off set while making *Breakfast at Tiffany's*, filmed in New York in 1960 but released in 1961.
Right: Peter O'Toole and Audrey Hepburn in William Wyler's *How to Steal a Million* (1966).

Tailleur minimalisti e cappelli fanno parte dell'immagine cinematografica di Audrey Hepburn, che il mondo della moda a più riprese ha cercato di imitare. Nella foto, Audrey colta dalla macchina fotografica di Bob Willoughby in un momento di riposo durante le riprese di *Insieme a Parigi*.
Minimalist suits and hats were features of Audrey Hepburn's screen image, frequently imitated by the fashion world. Audrey photographed by Bob Willoughby while relaxing during the filming of *Paris when it Sizzles*.

La bellezza e la particolarità del volto di Audrey sono messe in risalto dalle fogge dei numerosi cappelli che indossa in ogni film.
The beauty and fineness of Audrey's features are brought out by the various hats she wore in her films.

Audrey nel film *Sabrina* di Billy Wilder del 1954. È la storia di una moderna Cenerentola, la figlia di un autista che, dopo un soggiorno a Parigi, si trasforma in una donna raffinata ed elegante che conquista il cuore del burbero miliardario, Linus Larrabee (Humphrey Bogart). Gli abiti di Sabrina prima della trasformazione furono disegnati dalla costumista Edith Head, mentre quelli successivi al viaggio a Parigi sono opera di Givenchy e suggellano l'incontro tra il sarto francese e l'attrice.
Audrey in Billy Wilder's *Sabrina* in 1954. This was the story of a modern Cinderella, a chauffeur's daughter who goes to Paris and returns a beautiful and refined woman to win the heart of the gruff-mannered millionaire (Humphrey Bogart). Sabrina's garments before the transformation were by the costume designer Edith Head, while those she wore on returning from Paris were by Givenchy, the fruit of her encounter with the French couturier.

Audrey con Richard Avedon durante le riprese del film *Cenerentola a Parigi*. L'abito da cocktail con sciarpa di seta e cappello è quello indossato da Audrey nella parte di Jo sulla passerella del sarto Paul Duval. Di Avedon Audrey dice: "il suo talento ci ha indicato lo scorrere della vita, ci ha permesso di vedere attraverso le sue lenti, il suo sguardo, sempre alla ricerca, sempre diverso, sempre nuovo, mai soddisfatto di creare e ricreare indimenticabili immagini di stile, di intelligenza, di profondità, di verità e sempre di bellezza".
Audrey with Richard Avedon during the shooting of *Funny Face*. In the film she wore this cocktail dress and scarf as Jo, who models for the designer Paul Duval. Of Avedon, Audrey said: "His talent has given us a lifetime of seeing through his lens, his eyes, always searching, always changing, always renewing, never satisfied, but creating and recreating unforgettable images of style, wit, depth, truth and always beauty."

Audrey balla con William Holden in una delle scene più famose di *Sabrina*. L'attrice dà risalto ad una superba creazione di Givenchy ispirata agli abiti e ai tessuti del Settecento.
Audrey dances with William Holden in one of the most famous scenes from *Sabrina*. The actress shows off a superb creation by Givenchy inspired by eighteenth-century styles and fabrics.

Di nuovo l'attrice con un sontuoso mantello firmato da Givenchy posa per una foto pubblicitaria di Bud Fraker per la promozione del film *Cenerentola a Parigi*. Audrey, with a sumptuous mantle by Givenchy, poses for a publicity shot by Bud Fraker for *Funny Face*.

Tre immagini simbolo dei primi anni Sessanta: Audrey Hepburn è la sofisticata e ambigua Holly di *Colazione da Tiffany*. L'abitino nero, nella versione corta e in quella lunga, divenne un simbolo della moda del periodo.
Three emblematic photos of the early 1960s: Audrey Hepburn as the sophisticated, disquieting Holly of *Breakfast at Tiffany's*. The black dress, in long and short versions, became a fashion symbol of the period.

Audrey era una professionista scrupolosa, attenta ai minimi particolari. Dava una grande importanza all'abito e nel caso di film in costume aveva cura che gli abiti corrispondessero all'epoca storica a cui si riferivano. I costumisti furono tuttavia influenzati dal suo stile, predilegendo la sobrietà degli ornamenti ed evidenziando le linee semplici. Le immagini la ritraggono in *Guerra e pace* di King Vidor. I costumi sono di Maria De Matteis.

Audrey was a painstaking professional, with a concern for every least detail. She considered dress important and for period films she sought to ensure that the clothes were true to historical styles. At the same time the costumes designs were influenced by her personal style, which favoured restraint and simple lines. Here she is shown in King Vidor's *War and Peace*. The costumes were by Maria De Matteis.

Bob Willoughby riprende Audrey Hepburn come Lady Eliza di *My Fair Lady* mentre viene fotografata da Cecil Beaton. Tutti gli abiti del film diretto da George Cukor furono disegnati da Beaton.
Bob Willoughby shows Audrey Hepburn as Eliza in *My Fair Lady* being photographed by Cecil Beaton. Beaton designed all the costumes in the film, directed by George Cukor.

L'attrice in un altro splendido abito d'ispirazione primo Novecento in *My Fair Lady* (1964).
The actress in a splendid dress in turn-of-the-century style for *My Fair Lady* (1964).

semplicità, purezza, armonia: lo stile nella vita simplicity, purity, harmony: style in life

Nella mia vita ho avuto due grandi privilegi. Conoscere ed essere amico di due talenti eccezionali: Cristobal Balenciaga e Audrey Hepburn. E ognuno di loro mi ha dato qualcosa di eccezionale, che porto ancora dentro.

Di Audrey Hepburn ricordo il legame straordinario che ci univa. Ha saputo valorizzare tutto ciò che ho creato. Ma le mie stesse idee spesso nascevano pensando a lei. Sapeva sempre cosa voleva, cosa scegliere, dove arrivare. Sin dal nostro primo incontro. Si presentò all'improvviso nel mio atelier di Parigi mentre ero in piena preparazione della mia nuova collezione. Annunciandomi l'arrivo di Miss Hepburn, pensai si trattasse di Katherine Hepburn, che io adoravo. Mi precipitai ad accoglierla. Davanti ai miei occhi invece mi sorrideva una giovane donna vestita da gondoliere. Rimasi stupito. Ancor più dopo le sue richieste. Creare degli abiti per il suo prossimo film: *Sabrina*. Purtroppo non avevo tempo. Ma i suoi modi mi conquistarono. Le proposi allora di scegliere alcuni dei modelli della collezione. Sembravano fatti per lei. Audrey mi rivelò che si era innamorata dei miei abiti quando era venuta in Francia a girare *Vacanze a Monte Carlo*. Ma all'epoca non aveva potuto acquistare nulla. Ora Billy Wilder le offriva l'opportunità di integrare i costumi disegnati da Edith Head con abiti veri. Lei voleva esclusivamente i miei.

Dopo *Sabrina*, tutte le volte che Audrey interpretò un film di ambientazione contemporanea chiese i miei abiti. E così ho creato per lei i modelli di *Cenerentola a Parigi*, *Arianna*, *Colazione da Tiffany*, *Sciarada*, *Insieme a Parigi*, *Come rubare un milione di dollari*.

Una cosa mi ha sempre colpito in lei, oltre al suo charme e alla sua eleganza. La capacità con la sua presenza di farsi amare e ammirare sia dalle donne sia dagli uomini. La sua è stata un'immagine unica, che molte altre grandi attrici non sono mai riuscite a crearsi. Era una donna precisa, e sul lavoro professionale al massimo. Mai un ritardo, un capriccio. Nessuna scena da diva *gatée*, come invece spesso capitava con altre sue illustri colleghe. Sapeva costruire autonomamente la sua immagine. Forte e comunicativa. Anche nel vestirsi. Andava sempre al di là del modello creato appositamente per lei. Aggiungeva sempre un qualche cosa di suo, un particolare personalissimo che migliorava l'insieme. Non accresceva solo lo chic, l'eleganza del tutto, ma l'interesse dell'immagine nella sua completezza e globalità.

Per noi tutto questo era anche gioco. La creazione così ci divertiva molto. Ci stimolavamo reciprocamente. Quando le chiesi se potevo utilizzare il suo volto per la pubblicità del mio profumo accettò subito. Era un fatto nuovissimo che il ritratto fotografico di una celebre attrice venisse utilizzato per una pubblicità. Ma con Audrey fu perfetto. Anche perché quel profumo lo avevo espressamente realizzato, pensato e dedicato a lei. Lo avevo infatti chiamato *Interdit*: ovvero solo per te. Interdetto a chiuque altro. E da allora quella fragranza, la sua stessa confezione sono rimaste immutate. Davvero *interdit* a qualunque cambiamento.

Oggi Audrey avrebbe settant'anni. E tutt'ora è come se fosse presente. Io non la ricordo. La immagino invece come partita per un lungo viaggio. Dal quale ritornerà. Non ci si può stancare di parlare di lei, perché è un personaggio senza fine. Di lei in realtà una cosa mi manca. Le sue telefonate improvvise. Negli ultimi anni, quando era continuamente in giro per il mondo per seguire il suo impegno come ambasciatrice dell'Unicef, mi telefonava spesso. Inaspettata. Solo per dirmi: "Grazie Hubert. Ti voglio bene".

Hubert de Givenchy

I've had two great privileges in my life. To have known and been the friend of two people of outstanding talent: Cristobal Balenciaga and Audrey Hepburn. Each of them gave me something exceptional that I carry with me today. Thinking of Audrey I remember the extraordinary bond that existed between us. She was capable of enhancing all my creations. And often ideas would come to me when I had her on my mind. She always knew what she wanted and what she was aiming for. It was like that from the very start.

I was busy working on my new collection the first time she turned up unexpectedly at my Paris atelier. On being told that Miss Hepburn had arrived I immediately presumed it was Katherine Hepburn, whom I adored. Hurrying to greet her, I found myself confronted with a young woman dressed as a gondolier. I was totally astonished. I was even more astonished, however, when she asked me to create clothes for her next film, *Sabrina*. Unfortunately I was too busy to do so. But her charming manner had won me over and I suggested she choose some garments from my collection. Audrey confessed she had fallen in love with my clothes when she was in France shooting *Monte Carlo Baby* (*Nous irons à Monte Carlo*), but at the time had been unable to make any purchases. Now Billy Wilder was giving her the chance to supplement Edith Head's costumes with real clothes. And she wanted to use exclusively mine.

After *Sabrina,* Audrey requested my clothes for all her films with a contemporary setting. Which is how I came to design the outfits she wore in *Funny Face*, *Love in the Afternoon*, *Breakfast at Tiffany's*, *Charade*, *Paris when it Sizzles* and *How to Steal a Million*.

One thing that struck me about her, apart from her charm and elegance, was her ability to make herself loved and admired by women as well as men. Her image was unique. This is something that other great actresses have been unable to create for themselves.

Audrey was a very precise person and a consummate professional. She was never late and she never threw tantrums. Unlike many of her illustrious colleagues, she did not behave like a spoilt star. She knew exactly how to shape her strong, independent image. This naturally extended to the way she dressed. And she always took the clothes created for her one step further by adding something of her own, some small personal detail which enhanced the whole. But it wasn't only elegance that she enhanced. She heightened the impact of the entire design.

For both of us creating things this way was a game that we loved. Our ideas sparked each other off. When I asked if I could use her face to publicize my perfume she agreed at once. At that time it was unusual for a celebrated actress to appear in an advertisement. But Audrey was perfect, also because she was the inspiration for the perfume, which I'd dedicated to her. I called it *Interdit* (For You Alone). The perfume and its bottle have remained unaltered to this day. Truly *interdit* to all change.

Today Audrey would have been 70. And to me it's as if she's still here. It feels as though she's embarked on a long journey from which she will one day return. Because Audrey's a person of infinite interest, one can never tire of talking about her. What I do miss, however, are her phone calls which used to come out of the blue. Even during her last years, when she travelled extensively in her capacity as an ambassador of Unicef, I often received one of her surprise calls. Sometimes it was just to say, "Thank you, Hubert. I love you".

Hubert de Givenchy

Nelle pagine precedenti: Audrey nel 1965. Indossa l'abbigliamento casual da lei favorito fuori dalle occasioni ufficiali: una T-shirt e un paio di pantaloni neri.
L'eleganza di Audrey può essere riassunta con una frase di Honoré de Balzac: "L'eleganza non consiste tanto nel vestito quanto nel modo di portarlo".
In queste pagine: due immagini di Audrey negli anni Cinquanta nel massimo del suo splendore.

Previous pages: Audrey in 1965, wearing the casual clothing she favoured for informal occasions: T-shirt and a pair of black trousers.
Audrey's elegance can be summed up in Balzac's words: "Elegance lies not so much in the dress as in the way it is worn."
In this pages: two shots of Audrey in the 1950s, at the height of her splendour.

L'abito nero
senza maniche con
scollatura a barca,
il soprabito con collo
montante, il tailleur
avvitato e l'abito a
camicia sono i capi
base del guardaroba
personale di Audrey
negli anni Cinquanta.
Quasi tutti firmati
Givenchy.

The sleeveless black
dress with a shallow
neckline, high-collared
overcoat, narrow-
waisted suit and dress
à chemise formed
the staple of Audrey's
personal wardrobe in
the 1950s. Nearly all
were by Givenchy.

Per il tempo libero,
fuori dal set, i capi
base sono il maglione
a collo alto, la camicia
in shantung o cotone
legata in vita,
i pantaloni corti
a saltafosso con le
scarpe senza tacco,
gli short, il cappello
di paglia o il fazzoletto
a contadinella,
gli immancabili
occhiali da sole,
rigorosamente neri.
Tutto di Emilio Pucci.
Off the set, her
leisure-wear was
turtle-necked
pullovers, shirts in
shantung or cotton tied
at the waist, ankle-
length trousers, flat-
heeled shoes, shorts,
a boater or peasant's
headscarf, and the
trademark sunglasses,
rigorously black.
All by Emilio Pucci.

In estate Audrey portava abiti senza maniche in piquet di cotone o in lino, quasi tutti bianchi, il suo colore preferito, e sabot in paglia di Firenze, creati per lei da Salvatore Ferragamo.
In summer Audrey wore sleeveless dresses in cotton piquet or linen, nearly always white, her favourite colour, and Florentine straw clogs, created for her by Salvatore Ferragamo.

Audrey Hepburn nella sua casa nei dintorni Roma 'La Vigna', nel 1955 nel periodo in cui veniva girato il film *Guerra e pace*.
Audrey Hepburn in her house 'La Vigna' near Rome, during the filming of *War and Peace* in 1955.

Nel film *Verdi dimore*, diretto dal marito Mel Ferrer nel 1958, Audrey interpreta il ruolo di Rima, una creatura misteriosa che vive nella giungla, parla agli animali e ha come compagno inseparabile un giovane cerbiatto. Ip, così si chiamava il cucciolo, sembrava il ritratto di Audrey e considerava l'attrice come la propria madre, seguendola come un'ombra. Bob Willoughby immortala Audrey in alcune tenere scene di vita quotidiana con Ip e il fedele cane Famous, che dimostrano il grande amore dell'attrice per gli animali.

In *Green Mansions*, directed by her husband Mel Ferrer in 1958, Audrey played Rima, a mysterious girl who lives in the forest, speaks with the animals and has a young deer, Ip, as her inseparable companion. The deer looked like the image of Audrey herself and took the actress for its mother, following her about like her shadow. Bob Willoughby portrays Audrey in some tender everyday scenes with Ip and her faithful dog Famous, revealing her immense love for animals.

Audrey in relax
nel backstage del
film *Mayerling*.
Indossa la sua
immancabile
camicetta bianca con
cardigan e pantaloni
neri, e calza i classici
mocassini. Le foto
di Philip Halsman
furono pubblicate
sulla rivista 'Life'.
Audrey relaxing off-set
during the making
of *Mayerling*.
Characteristically
she is wearing a white
shirt with cardigan
and black trousers,
and a pair of classic
mocassins.
These photos by
Philip Halsman
appeared in 'Life'.

Audrey gira in bicicletta negli studi americani della Paramount e della Warner durante la pausa delle riprese cinematografiche. Da sinistra a destra: Audrey come Sabrina nel 1954, come Arianna nel 1956, come Holly nel 1960 e come Eliza nel 1963.
Audrey riding her bike round the Paramount and Warner Brothers' studios in America, during breaks in filming. Left to right: Audrey as Sabrina in 1954, Ariadne in 1956, Holly in 1960 and Eliza in 1963.

Una stupenda versione del look Audrey, ripreso dall'occhio fotografico di Bob Willoughby: foulard in testa, legato intorno al collo; occhiali neri; poncho in pelliccia; pantaloni aderenti; ballerine e borsa in paglia. La capacità di mettere insieme accessori apparentemente contrastanti e di smitizzare con ironia il capo più prezioso e formale sono tra le caratteristiche più inconfondibili del suo stile.

A stunning version of the Hepburn style in a photo by Bob Willoughby. Headscarf, black sunglasses, fur poncho, tight trousers, ballet shoes and raffia handbag. Her flair for matching seemingly contrasting accessories and mocking understating formal or elegant garments were recognised features of her style.

Due momenti di intimità familiare: Audrey nel giorno del suo matrimonio. Indossa un semplice abito corto in organza, con collo tondo disegnato per lei da Givenchy e una coroncina di fiori in testa. A destra: Mel Ferrer e Audrey Hepburn in una foto scattata da Bob Willoughby nella loro casa di Burgestock in Svizzera sul lago di Lucerna, per la cartolina degli auguri di Natale del 1958.
Two intimate moments: Audrey on her wedding day. She wears a simple short organdie dress with a rounded neckline, designed for her by Givenchy, and a chaplet of flowers. Right: Mel Ferrer and Audrey Hepburn in a photo for their Christmas greetings card. Taken in 1958 by Bob Willoughby at their home on Lake Lucerne, in Burgestock, Switzerland.

**Audrey e Mel nel 1955
si preparano per
prendere parte
alla cerimonia di
assegnazione degli
Oscar a Los Angeles.**
Audrey and Mel
prepare for the
Oscar prize-giving
in Los Angeles, 1955.

Una dolcissima Audrey con i due figli: a sinistra Sean, nato il 17 luglio 1960 dall'unione con Mel Ferrer, e a destra Luca, nato l'8 febbraio 1970 dal matrimonio con lo psichiatra romano Andrea Dotti.
An enchanting Audrey with her two children: on the left, Sean, born 17 July 1960 from her marriage to Mel Ferrer, and, on the right, Luca, born 8 February 1970, from her marriage to Andrea Dotti, a psychiatrist of Rome.

Un'immagine melanconica e ispirata di Audrey Hepburn nel 1967. Sullo sfondo i grattacieli di New York. L'attrice indossa i jeans e la giacca di shearling che vediamo nel film giallo di Terence Young *Gli occhi della notte*, nel quale offrì una delle sue più belle interpretazioni, recitando il ruolo di Susy Hendix, una giovane cieca che resta coinvolta in una storia di droga.

A melancholy and inspired image of Audrey Hepburn in 1967, against a backdrop of New York's skyscrapers. The actress wears jeans and a shearling jacket for Terence Young's thriller, *Wait until Dark*, one of her finest performances. She plays Susy Hendix, a blind young woman who gets involved with drug traffickers.

Alcune immagini di Audrey in occasioni ufficiali Da sinistra a destra: con Gary Cooper nel 1957 dopo la presentazione del film *Arianna*; con Richard Quine e Tony Curtis alla prima di *Insieme a Parigi* nel 1963; alla prima di *My Fair Lady* nel 1964. Con Fred MacMurray, Walter Matthau e Billy Wilder. Nel 1992 conferisce a Sean Connery l'American Cinematheque Award per il successo dei suoi film.

Some images of Audrey on official occasions. From left to right: with Gary Cooper after the presentation of *Love in the Afternoon*. With Richard Quine and Tony Curtis at the 1963 premiere of *Paris when it Sizzles* and the presentation of *My Fair Lady* in 1964. With Fred MacMurray, Walter Matthau and Billy Wilder. In 1992 she presented Sean Connery with the American Cinematheque Award for his film achievements.

**Audrey nel 1985,
sempre splendida in
un abito di Givenchy,
con Robert Wolders, il
suo ultimo compagno.**
Audrey in 1985,
splendid as ever
in a Givenchy dress,
with Robert Wolders,
her last companion.

per i bambini del mondo for the children of the world

Tutti noi che abbiamo amato Audrey sentiamo che se n'è andata troppo presto. In realtà, la sua morte ci sarebbe sembrata sempre prematura. La sola consolazione per chi resta è di sapere che la sua vita è stata piena e appagata, illuminata dalla sua generosità e dalla sua serenità.

Nei sei anni trascorsi dalla sua scomparsa, mi sono accorto dello straordinario numero di anime che Audrey ha toccato. Sono commosso nello scoprire che per molti è l'incarnazione delle virtù a noi più care: la gentilezza, la generosità, l'amore per gli altri, l'umiltà. È stata molto amata e tutto questo amore lo ha meritato. Mi considero fortunato per avere avuto l'opportunità di scoprire quanto il suo essere più profondo fosse in totale armonia con la sua vita.

Audrey ha capito molto presto che il valore fondato sul successo e sulla bellezza ha vita breve; questo le ha permesso di restare se stessa, con i piedi per terra, consapevole e attenta agli altri. Quando aveva modo di verificare un'ingiustizia, usava la sua immagine e le sue energie per attirare l'attenzione del pubblico sui problemi che più le stavano a cuore, soprattutto su ciò che negli ultimi anni ha costituito il suo impegno costante: il benessere dei bambini. Ha lavorato per l'Unicef perché era stata colpita dal ruolo che l'Unicef aveva giocato nella sua vita personale. Ma il suo interesse non era stato dettato solo da uno spirito di carità. Era colmo di passione.

Quando ha deciso di scendere in trincea, non si è presentata come 'Audrey Hepburn, stella del cinema', ma come una donna, una madre, come una persona per cui il prossimo è importante.

Non c'è dubbio che Audrey era felice di vedere che gli aiuti internazionali in favore dei bambini erano una realtà in crescita, ma, come ci ricordava sempre, c'era ancora molto da fare.

Il suo messaggio era chiaro – talmente chiaro da essere straziante –, la negligenza e l'umiliazione che un bambino subisce da parte degli adulti uccidono la sua fiducia, la sua speranza, le sue possibilità.

Audrey proclamava di non credere in una colpa collettiva, ma in una responsabilità collettiva. Nell'assumersi la propria parte di responsabilità, ha dimostrato che la compassione non è una parola vuota e che la bontà d'animo non è un'illusione.

Audrey era troppo modesta per pensare o sperare di lasciare una traccia duratura con i suoi film. Credo però che se le fosse stato dato più tempo da vivere, avrebbe voluto proseguire la sua missione a favore dei bambini poiché era conscia che il compito era ben lontano dall'essere completato. Sapere di aver indotto chi le era vicino a non abbandonare il campo sarebbe stata la sua maggiore ricompensa.

Robert Wolders

All of us who loved Audrey feel she left us much too young. The fact is that any age would have been too young. Our only consolation is that her life was full and complete, distinguished by its humanity and serenity.

In the six years since she is gone I have become ever more aware of how many lives Audrey touched. I am moved to find that to many she is a reflection of what we hold most dear; kindness, generosity, charity and humility. People loved her for the right reasons and she was deserving of that love. I consider myself blessed to have been allowed to discover how deep her soul was in its total commitment to life.

Audrey sensed very early in her life and career that self-worth based on fame or beauty is very shortlived and so she remained forever herself-realistic, aware and caring. When she observed injustice she used her presence and energies to draw attention to those issues she felt deeply about. Especially to what ultimately became her greatest concern, the welfare of children.

She worked for Unicef because she was touched by the role Unicef had played in her own life, but it wasn't just benevolence on her part. There was a passion to it.

When she chose to go where the conflict was the greatest she dind't go as 'Audrey Hepburn, film star', but as a woman, as a mother, as someone who cared profoundly about her fellow-man. There is no doubt that Audrey's heart felt pleasure on behalf of children helped raising the world's consciousness but, as she would remind us, we need to do much more. Her message was clear – heartbreakingly clear – the neglect and humiliation of a child by adults is a killer of trust, of hope and of possibility.

Audrey said she didn't believe in collective guilt but she did believe in collective responsibility. By taking on her part of that responsibility she proved that compassion is not an empty word and that kindness is not an illusion.

Audrey never strove or hoped to leave a lasting legacy with her films, she was too modest for that. But what I think she would have wanted, had she been given more time, would have been to continue her work on behalf of children because she knew what is a task with much to be accomplished. The knowledge of having inspired those close to her to continue that task would have been greatest reward.

Robert Wolders

Il 9 marzo '88 Audrey Hepburn è nominata ambasciatrice dell'Unicef. Il suo compito è quello di sensibilizzare l'opinione pubblica sulle condizioni disperate di donne e bambini nel Terzo Mondo.

Audrey Hepburn was appointed 9 March 1988 as a Special Ambassador of Unicef. Her task is to inform the public opinion and bring its attention to the plight of children and women in the Third World.

La prima spedizione di Audrey per l'Unicef è in Etiopia nel 1988. Nel Mekelle, la provincia del Tigre, visita una diga in costruzione.

The first mission for Unicef Audrey undertook was to Ethiopia in 1988. In Mekelle, Province of Tigre, a dam costruction on site was visited.

Audrey e il presidente dell'Unicef, Lawrence E. Bruce Jr., si recano a Mehal Meda, nel Nord Shoa in Etiopia, nel centro sorto con la raccolta di fondi per la distribuzione dei generi alimentari, dove era stato avviato un allevamento di pecore per la produzione di lana.
Audrey accompanied by the Unicef President Lawrence E. Bruce Jr. visited in Mehal Meda, North Shoa in Ethiopia, a cash-for-food project, which included a sheep-beeding component to provide wool for weaving.

Sopra: due immagini dell'attrice con il popolo etiope. In questo viaggio Audrey si prodigò soprattutto per procurare ai bambini le vitamine necessarie a impedirne la cecità. A destra: nel settembre del 1992 Audrey si reca in Somalia e nel Kenya del Nord per visitare i centri Unicef di sussistenza e assistenza sanitaria sorti a Mogadiscio, Kismayo e Baidoa.

Above: two images of the actress with the Ethiopian people. In her trip Audrey was particularly concerned with obtaining vitamins for preventing blindness in children. Right: in September 1992 Audrey completed a four day tour of Somalia and Northern Kenya visiting Unicef assisted feeding centres and primary health care facilities in Mogadiscio, Kismayo and Baidoa.

Audrey è fotografata mentre saluta le truppe di pace delle Nazioni Unite che dal Pakistan arrivano a Mogadiscio in Somalia e con Robert Wolders, suo inseparabile compagno dal 1980.
Audrey is photographed while she is greeting United Nation peacekeeping troups from Pakistan arriving to Mogadiscio in Somalia and with Robert Wolders, from 1980 her inseparable companion.

"Parlo – dice Audrey Hepburn in uno dei suoi discorsi per l'Unicef – a nome di quei bambini che non possono farlo, quei bambini che non hanno niente altro se non il loro coraggio, il loro sorriso, la loro vitalità e i loro sogni".
"I speak – says Audrey Hepburn in one of her speeches for Unicef – for those children who cannot speak for themselves, childrens who have absolutely nothing but their courage and their smiles, their wits and their dreams".

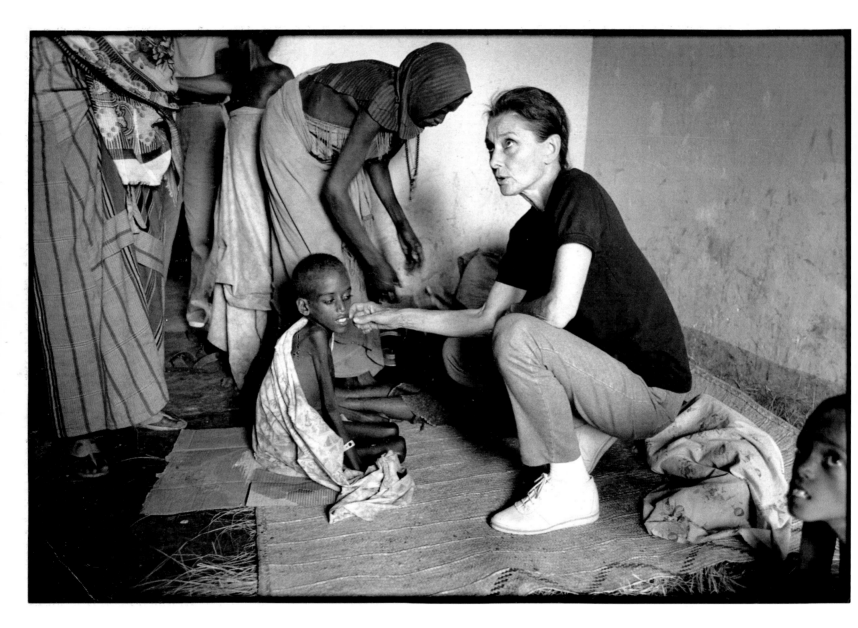

"La domanda che mi viene posta più frequentemente è – scrive Audrey Hepburn – 'Che cosa puoi fare tu di reale per l'Unicef?'. Per capire profondamente i problemi dei bambini nel mondo, sarebbe stato giusto essere esperta di educazione, di economia, di politica, di religioni, di tradizioni e culture. Io non sono niente di tutto questo, ma sono una madre".

"The question – writes Audrey Hepburn – I am most frequently asked is 'What do you really do for Unicef?'. To fully understand the problems of the world's children, it would be nice to be an expert on education, economics, politics, religions, traditions and cultures. I am none of these things, but I am a mother".

Nel centro Unicef di Baidoa, Audrey siede nel mezzo di bambini in gravi condizioni di malnutrizione. At a Unicef assisted feeding care in the town of Baidoa in Somalia, Audrey sits amidst severely malnourished children.

il guardaroba di audrey audrey's wardrobe

Costumi e accessori di scena
Stage costumes and accessories

**Vacanze romane
Roman Holiday**
(Paramount, USA 1953, regia di / *directed by* William Wyler)

1

1952. Tailleur in shantung di seta color biscotto. Giacca a doppio petto chiusa da tre bottoni. Gonna tagliata in sbieco. Fodera in seta crema. Il modello è stato indossato da Audrey Hepburn, ma nelle scene finali del film è portato senza giacca.
Etichetta: "Albert Beverly Hills".
Iscrizioni: "Audrey Hepburn".
Archivio Paramount Pictures, Los Angeles.
■ *1952. Suit in biscuit silk shantung. Double-breasted jacket closed by three buttons. Skirt cut on the bias. Cream silk lining. Original model worn by Audrey Hepburn. In the final version of the film was used only the skirt. Label: "Albert Beverly Hills". Inscriptions on the dress: "Audrey Hepburn". Paramount Pictures Archive, Los Angeles.*

Sabrina
(Paramount, USA 1954, regia di / *directed by* Billy Wilder)

2

Primavera-estate 1953. Abito in due pezzi in organza di seta bianca con ricamo di applicazioni a disegno floreale in stile settecentesco in filo di seta nero e perline di plastica bianca. Bustino senza maniche, steccato, più scollato sul dietro. Gonna diritta con sopragonna aperta davanti, a strascico ovale, bordata da ruche in organza nera. Fodera in seta. Chiusura a ganci. L'abito, disegnato da Givenchy, è una replica dell'originale indossato da Audrey Hepburn, realizzata dall'atelier Givenchy per la mostra retrospettiva sul sarto al Palais Galliera a Parigi nel 1992.
Archivio Givenchy, Parigi.
■ *Spring-Summer 1953. Two-piece dress in white silk organdie with black silk-thread applications of floral patterns in eighteenth-century style and white plastic beads. Sleeveless whalebone bodice, with neckline lower at back. Straight skirt with overskirt open in front, oval train, edged with black organdie ruches. Silk lining. Fastened with hooks-and-eyes. The dress, designed by Givenchy, is a replica of the original worn by Audrey Hepburn, made by the Givenchy atelier for the stylist's retrospective at Palais Galliera in Paris in 1992. Givenchy Archive, Paris.*

**Cenerentola a Parigi
Funny Face**
(Paramount, USA 1957, regia di / *directed by* Stanley Donen)

3

Primavera-estate 1956. Tailleur in seta beige completamente foderato in seta. Giacca a sacchetto con maniche tre quarti, chiusa da tre bottoni in cotone beige lavorati a crochet. Gonna diritta. Cappello di paglia beige ornato da due nastri in velluto nero con piccoli fiocchi. Il modello fu creato per Audrey Hepburn da Givenchy.
Iscrizioni nell'abito: "Audrey Hepburn n. 23"; "PARAMOUNT WARDROBE".
Larry MacQueenn, The Collection of Motion Picture Costume Design, Los Angeles.
■ *Spring-Summer 1956. Suit fully lined in silk. Loose jacket with three-quarter sleeves, fastened with three buttons in beige cotton worked in crochet. Straight skirt. Beige straw hat, decorated with two black velvet ribbons with small bows. The model was created for Audrey Hepburn by Givenchy. Inscriptions on the dress: "Audrey Hepburn n. 23"; "PARAMOUNT WARDROBE". Larry MacQueen, The Collection of Motion Picture Costume Design, Los Angeles.*

**Colazione da Tiffany
Breakfast at Tiffany's**
(Paramount, USA 1961, regia di / *directed by* Blake Edwards)

4

Autunno-inverno 1960-1961. Abito da cocktail in cloquée di seta nel colore nero senza maniche, con scollatura rotonda e vita leggermente rialzata, sottolineata da cintura. Gonna svasata bordata da alta ruche. Il modello riproduce quello originale creato da Givenchy per Audrey Hepburn. La replica è stata realizzata in occasione della mostra retrospettiva su Givenchy al Palais Galliera a Parigi nel 1992.
Archivio Givenchy, Parigi.
■ *Autumn-Winter 1960-1961. Cocktail dress in black cloquée silk. Sleeveless, with rounded neckline and slightly raised waistline, emphasised by the belt. Flared skirt edged with high ruches. The model is a replica of the original worn by Audrey Hepburn, and was made for Givenchy's retrospective at Palais Galliera in Paris in 1992. Givenchy Archive, Paris.*

5

Abito lungo da sera di linea diritta in raso nero tagliato in vita, senza maniche. Scollatura dorsale sagomata. Modello realizzato da Givenchy e indossato da Audrey Hepburn.
Hubert de Givenchy, Parigi.
■ *Long evening dress with straight lines, divided at the waist. Black satin fabric. Sleeveless. Shaped back neckline. Model by Givenchy worn by Audrey Hepburn. Hubert de Givenchy, Paris.*

6

Cappotto doppiopetto in lana double bianca con maniche a kimono. La linea morbida e rotonda è sottolineata dalla finta cintura in vita che termina con nodo dorsale. Collo montante. L'abito è lo stesso modello di quello

cat. 4. 6

200

indossato da Audrey Hepburn nel film, ma nel colore arancio. Accessoriato con un cappello a cloche in zibellino. Fodera in acetato.
Archivio Givenchy, Parigi.

■ *Double-breasted coat in double wool. Kimono sleeves. The soft, rounded line is emphasised by the false belt which terminates in a back knot. High collar. Cloche hat in sable. Acetate lining. Givenchy Archive, Paris.*

Sciarada
Charade
(Universal, USA 1963, regia di / *directed by* Stanley Donen)

7
Autunno-inverno 1961-1962. Abito in due pezzi di satin nero. Corpetto senza maniche, modellato con bordo in paillettes nere lavorate a motivo pelliccia. Gonna leggermente increspata in vita con bordo in paillettes nere. Fodera in seta nera. Realizzato da Givenchy.
Hubert de Givenchy, Parigi.

■ *Autumn-Winter 1961-1962. Two-piece dress in black satin. Sleeveless bodice, modelled with edging in black paillettes worked in a fur motif. Skirt slightly ruffled at the waist with edging in black paillettes. Black silk lining. By Givenchy. Hubert de Givenchy, Paris.*

Insieme a Parigi
Paris when it Sizzles
(Paramount, USA 1963, regia di / *directed by* Richard Quine)

8
1962. Abito lungo in broccato di seta color crema. Bustino attillato con maniche strette e

vita leggermente rialzata. Gonna con ampiezza ripresa sul dietro. Bordo al collo e all'orlo in velluto nero. Modello originale indossato da Audrey Hepburn.
Archivio Paramount Pictures, Los Angeles.

■ *1962. Long dress in cream-coloured silk brocade. Close-fitting bodice with narrow sleeves and waist slightly raised. Full skirt continued behind. Edged at hemline and neck with black velvet. Original model worn by Audrey Hepburn. Paramount Pictures Archive, Los Angeles.*

My Fair Lady
(Warner Bros, USA 1964, regia di / *directed by* George Cukor)

9
1963. Costume in due pezzi costituito da blouse in rayon bianco foderato, con piccolo collo e ampi polsi. Gonna a pannelli di linea svasata in lana ruggine, decorata da profilature. Bustino alla vita chiuso da bottoni ricoperti nello stesso tessuto. Cintura in cuoio marrone con grande fibbia. L'abito è stato disegnato da Cecil Beaton come tutti gli abiti del film.
Archivio Warner Bros. Studios Facilities, Los Angeles.

■ *1963. Two-piece costume. White rayon blouse with lining, small collar and large cuffs. Rust-coloured panel skirt, decorated with profiles. Bodice top waist fastened by buttons covered with the same material. Large-buckled brown leather belt. The dress was designed by Cecil Beaton, like all the costumes for the film. Warner Bros. Studios Facilities Archive, Los Angeles.*

10
Blouse in chiffon beige a collo alto decorata da piccole ruche verticali in passamaneria di seta. Agganciatura dorsale.
Collezione Audrey Hepburn, Tolochenaz.
■ *Blouse in beige chiffon with high collar decorated with little vertical ruches in silk braid. Back fastened. Audrey Hepburn Estate, Tolochenaz.*

**Due per la strada
Two for the Road**
(20th Century Fox, USA 1967, regia di / *directed by* Stanley Donen)

11
1966. Ken Scott, taccuino di disegni, cm 29 x 23,4. Matita, matita colorata e penna su carta. Il taccuino contiene i disegni degli abiti per il film. Solo alcuni furono utilizzati. Altri capi vennero creati da Mary Quant e Paco Rabanne.
Archivio Ken Scott, Milano.
■ *1966. Ken Scott, sketch book, 29 x 23.4 cm. Pencil, coloured pencil and pen on paper. The sketch book contains drawings for costumes in the film. Only some were used. Other costumes were designed by Mary Quant and Paco Rabanne. Ken Scott Archive, Milan.*

12
Ken Scott, disegno per foulard 'Cibele', cm 86,5 x 86,5. Matita su carta. Il disegno è stato utilizzato per la stampa di alcuni tessuti degli abiti, indossati da Audrey Hepburn nel film.
Archivio Ken Scott, Milano.
■ *Ken Scott, drawing for 'Cybele' scarf, 86.5 x 86.5 cm. Pencil on paper. The drawing was used for the textile patterns of the costumes worn by Audrey Hepburn in the film. Ken Scott Archive, Milan.*

13
Ken Scott, tessuto stampato a disegno 'Astarte', cm 36,2 x 38,9. Jersey di seta.
Archivio Ken Scott, Milano.
■ *Ken Scott, printed fabric with 'Astarte' drawing, 36.2 x 38.9 cm. Silk jersey. Ken Scott Archive, Milan.*

14
Ken Scott, tessuto stampato a disegno 'Giava', cm.55,5 x 93. Lycra.
Archivio Ken Scott, Milano.
■ *Ken Scott, printed fabric with 'Java' drawing, 93 x 55.5 cm. Lycra. Ken Scott Archive, Milan.*

**Linea di sangue
Bloodline**
(Paramount, USA 1979, regia di / *directed by* Richard Lester)

15
Autunno-inverno 1978-1979. Abito lungo da sera di linea aderente con maniche lunghe in velluto nero e tulle nello stesso colore a disegno asimmetrico, decorato da fiori in velluto con corolla di strass. Chiusura a zip. Fodera in seta nera. Realizzato da Givenchy per il film.
Hubert de Givenchy, Parigi.
■ *Autumn-Winter 1978-1979. Long evening dress. Close-fitting. With long sleeves in black velvet and tulle of the same colour and with an asymmetrical design; decorated with velvet flowers, with corollas in strass. Fastened with a zip. Black silk lining. Made by Givenchy for the film. Hubert de Givenchy, Paris.*

cat. 7. 8

cat. 9. 10. 15

16

1967. Soprabito in mikado di seta bianca imbottito. Fodera in taffetas bianco. Vita leggermente alta, collo montante ad anello chiuso da quattro bottoni gioiello in plastica e strass. Passamaneria in cordone di seta alle maniche, ai polsi e alle due tasche tagliate. Senza etichetta. Collezione Audrey Hepburn, Tolochenaz.

■ *1967. Overcoat. Padded white silk mikado. White taffeta lining. Raised waistline, high ring-collar fastened by four jewel buttons in plastic and strass. Silk braid on sleeves, slashed at cuffs and with two slashed pockets. Unlabeled. Audrey Hepburn Estate, Tolochenaz.*

17

1967. Soprabito in lana double rosa e bianco con maniche tre quarti. Collo ad anello in tessuto doppiato e chiusura a zip. Finte tasche a pattina verticale sui fianchi. Pannello frontale a trapezio di lana double da abbottonare con quattro bottoni circolari alle spalle e lateralmente. Etichetta: "Anne Marie Lausanne". Collezione Audrey Hepburn, Tolochenaz.

■ *1967. Overcoat in white and pink double wool with three-quarter sleeves. Ring collar and zip fastener. Fake pockets with a vertical flaps on the sides. Trapeze-shaped front in double wool fastened with four circular buttons on shoulders and sides.*

Label: "Anne Marie Lausanne".
Audrey Hepburn Estate, Tolochenaz.

18

1968. Cappotto in twill di lana bianca con fodera in shantung. Collo montante con chiusura a bottoni circolari dorati. Tasche a pattina chiuse da bottoni dorati. Maniche decorate da tre bottoni. Vita leggermente alta. Martingala con due bottoni dorati. La linea è sottolineata da cuciture ribattute. Etichetta: "Rose Bertin Zurich Lausanne". Collezione Audrey Hepburn, Tolochenaz.

■ *1968. White wool twill coat with shantung lining. High collar fastened with round gilt buttons. Pockets with flaps fastened with gilt buttons. Sleeves decorated with three buttons. Raised waistline. Half belt with two gilt buttons. The line is emphasized by the overstitching of the seams.*
Label: "Rose Bertin Zurich Lausanne".
Audrey Hepburn Estate, Tolochenaz.

19

Primavera-estate 1968. Cappotto monopetto in lana double blu con collo a revers. Spacco dorsale. Cuciture ribattute che evidenziano il taglio geometrico. Chiusura a quattro bottoni dorati con la lettera "V" di Valentino. Senza etichetta. Collezione Audrey Hepburn, Tolochenaz.

■ *Spring-Summer 1968. Single-breasted blue coat in double wool with collar à revers. Back vent.*

Overstitching of seams to bring out the geometrical styling. Fastened with four gilt buttons with the letter "V" for Valentino. Unlabeled. Audrey Hepburn Estate, Tolochenaz.

20

Primavera-estate 1970. Soprabito in crêpe di seta bianca con collo a camicia chiuso davanti da laccio imbottito e fiocco. Etichetta: "Valentino Couture". Collezione Audrey Hepburn, Tolochenaz.

■ *Spring-Summer 1970. Overcoat in white silk crêpe with shirt collar closed in front by a padded lace and ribbon. Label: "Valentino Couture". Audrey Hepburn Estate, Tolochenaz.*

21

Autunno-inverno 1970-1971. Cappotto doppiopetto in lana double rosso e verde di linea avvitata. Sei bottoni con "V" di Valentino in metallo color bronzo. Tasche a filetto e martingala. Cuciture ribattute. Senza etichetta. Collezione Audrey Hepburn, Tolochenaz.

■ *Autumn-Winter 1970-1971. Double-breasted coat in red and green double wool. Tight-waisted. Six buttons with "V" for Valentino in bronze-coloured metal. Net pockets and half belt. Seams overstitched. Unlabeled. Audrey Hepburn Estate, Tolochenaz.*

22

Primavera-estate 1971. Cappotto in lana double rossa con collo

a camicia, maniche lunghe, spacchi laterali e due tasche all'altezza dei fianchi e una sul seno sul lato sinistro. Taglio allo sprone. Chiusura a bottoni neri e oro. Etichetta: "Valentino Couture". Collezione Audrey Hepburn, Tolochenaz.

■ *Spring-Summer 1971. Overcoat in red double wool with shirt collar, long sleeves, side vents and two pockets on the hips and one on the left breast. Fastened with red and gold buttons. Label: "Valentino Couture". Audrey Hepburn Estate, Tolochenaz.*

23

Primavera-estate 1972. Cappotto bianco in tessuto double di lana, senza collo, abbottonato ad incrocio da quattro bottoni in madreperla. Cintura in vita con fibbia rotonda in madreperla. Maniche lunghe lavorate a maglia con polso in tessuto chiuso da due bottoni in madreperla. Cuciture ribattute che sottolineano la linea del capo. Etichetta: "Valentino Couture". Collezione Audrey Hepburn, Tolochenaz.

■ *Spring-Summer 1972. White overcoat in double wool. Collarless. Cross-fastened with four mother-of-pearl buttons. Belted at waist, with round mother-of-pearl clasp. Long sleeves worked in knitted fabric with cuffs fastened by two mother-of-pearl buttons. Overstitched*

cat. 17. 24

to emphasise the styling.
Label: "Valentino
Couture".
*Audrey Hepburn Estate,
Tolochenaz.*

24
Primavera-estate 1972.
Cappotto blu in tessuto
double di lana, senza
collo, abbottonato ad
incrocio da quattro
bottoni in legno. Cintura
alla vita. Maniche
lunghe lavorate a
maglia con polso
in tessuto, chiuso da
due bottoni in legno.
Cuciture ribattute che
sottolineano la linea
del capo.
Etichetta: "Valentino
Couture".
Collezione Audrey
Hepburn, Tolochenaz.
■ *Spring-Summer 1972.
Dark-blue overcoat in
double wool. Collarless.
Cross-fastened with four
wooden buttons. Belted
at waist, with round
wooden clasp. Long
sleeves worked in
knitted farbic with
cuffs fastened by two
wooden buttons.
Overstitched to
emphasise the styling.
Label: "Valentino
Couture".
Audrey Hepburn Estate,
Tolochenaz.*

25
1975. Cappotto in
cashmere beige a un
petto con due tasche al
seno chiuse da bottoni.
Vita alta increspata.
Collezione Audrey
Hepburn, Tolochenaz.
■ *1975. Overcoat in
beige cashmere, single
breated with two
pockets on the breast
fastened with buttons.
High ruffled waist.
Audrey Hepburn Estate,
Tolochenaz.*

26
1978. Cappotto a trench
in lana beige chiaro.
Etichetta: "Burberry's
Regd. Made in England
Made Expressly for
Piattelli Roma".
Collezione Audrey
Hepburn, Tolochenaz.
■ *1978. Trench-coat in
light-beige wool.
Label: "Burberry's*

*Regd. Made in England
Made Expressly for
Piattelli Roma".
Audrey Hepburn Estate,
Tolochenaz.*

27
1978. Impermeabile a
trench beige chiaro.
Fodera in cotone
scozzese.
Etichetta: "Burberry"s
Regd. Made in England
Made Expressly for
Piattelli Roma".
Collezione Audrey
Hepburn, Tolochenaz.
■ *1978. Raincoat light
beige in cotton. Cotton
tartan lining.
Label: "Burberry's
Regd. Made in England
Made Expressly for
Piattelli Roma".
Audrey Hepburn Estate,
Tolochenaz.*

28
Primavera-estate 1979.
Cappotto blu sfoderato
con collo montante.
Tagli frontali in verticale
da cui partono pinces
che danno ampiezza
alla gonna. Chiuso
da quattro bottoni.
Cintura alla vita.
Etichetta: "André Laug
for Audrey s.r.l. Roma.
Made in Italy".
Collezione Audrey
Hepburn, Tolochenaz.
■ *Spring-Summer 1979.
Overcoat in dark blue
wool, with high collar.
Slashed vertically
before with pleats that
give fullness to the skirt.
Fastened with four
buttons. Belted waist.
Label: "André Laug for
Audrey s.r.l. Roma.
Made in Italy".
Audrey Hepburn Estate,
Tolochenaz.*

29
Primavera-estate 1979.
Cappotto beige
sfoderato con collo
montante. Tagli frontali
in verticale da cui
si partono pinces
che danno ampiezza
alla gonna. Chiuso
da quattro bottoni.
Cintura alla vita.
Etichetta: "André Laug
for Audrey s.r.l. Roma.
Made in Italy".
Collezione Audrey
Hepburn, Tolochenaz.

■ *Spring-Summer 1979. Overcoat in beige wool, with high collar. Slashed vertically before with pleats that give fullness to the skirt. Fastened with four buttons. Belted waist. Label: "André Laug for Audrey s.r.l. Roma. Made in Italy". Audrey Hepburn Estate, Tolochenaz.*

30

1980. Shearling lungo con collo montante. Chiusura ad alamari e bottoni a corno di legno. Etichetta: "Roland's Via Condotti 4, Piazza di Spagna 174 Roma". Collezione Audrey Hepburn, Tolochenaz.
■ *1980. Long shearling coat with high collar. Wooden horn-shaped toggles fastened with frogs. Label: "Roland's Via Condotti 4, Piazza di Spagna 174 Roma". Audrey Hepburn Estate, Tolochenaz.*

31

1980. Abito lungo in maglia di lana nel colore rosso bordeaux aperto davanti. Maniche lunghe con collo alto, polsi e punto vita bordati da ruche. Etichetta: "100% wool Avagolf Made in Italy". Collezione Audrey Hepburn, Tolochenaz.
■ *1980. Long dress in knitted wool fabric. Wine-red. Open in front. Long sleeves with high collar, cuffs and waistline edged with ruches. Label: "100% wool Avagolf Made in Italy". Audrey Hepburn Estate, Tolochenaz.*

32

1987. Tailleur con giacca in tessuto di lana spigato verde e marrone, senza collo, a doppio petto e due tasche. Chiusura a quattro bottoni di legno. Cintura alla vita alta in pelle di rettile. Gonna in twill di lana nei colori marrone e verde, increspata alla vita. Fodera in seta marrone. Etichetta: "Givenchy Nouvelle Boutique Paris Made in France". Collezione Audrey Hepburn, Tolochenaz.
■ *1987. Tailored suit with sprigged wool jacket, green and brown, collarless. Double-breasted with two pockets. Fastened with four wooden buttons. High belted waist in lizard skin. Skirt in wollen twill in green and brown, ruffled at the waist. Brown silk lining. Label: "Givenchy Nouvelle Boutique Paris Made in France". Audrey Hepburn Estate, Tolochenaz.*

33

1988. Abito bianco a maniche lunghe in maglia di lana a vita alta con scollatura ad incrocio. Due tasche sul davanti. Chiusura a zip dorsale. Fodera in seta. Etichetta : "Givenchy Paris". Collezione Audrey Hepburn, Tolochenaz.
■ *1988. Dress in white knitted wool fabric. Long sleeves. High waisted with crossed neckline. Two pockets in the front. Zip fastener on the back. Silk lining. Label: "Givenchy Paris". Audrey Hepburn Estate, Tolochenaz.*

34

1989. Tailleur. Giacca doppiopetto con bordo stondato in tessuto di lana a disegno pied-de-poule marrone e rosso. Collo sciallato con rinforzo in velluto marrone. Piccolo piegone dorsale chiuso da martingala in passamaneria. Gonna di linea morbida in lana marrone con cinturino alla vita e banda laterale in velluto. Chiusura a un bottone in strass. Tasche a filetto. Etichetta: "Valentino V Miss V Made in Italy Fabriqué en Italie". Collezione Audrey

Hepburn, Tolochenaz.
■ *1989. Suit. Double-breasted jacket with rounded edges in wool with brown and red pied-de-poule pattern. Shawl collar reinforced with brown velvet. Back small pleat behind fastened with a braid half-belt. Skirt with a soft line in brown wool, belted at the waist and with a velvet side ribbon. Fastened with a single button in strass. Net pocket.*
Label: "Valentino V Miss V Made in Italy Fabriqué en Italie".
Audrey Hepburn Estate, Tolochenaz.

35
1989. Cappotto in lana nel colore nero a doppiopetto con martingala. Collo e tasche in velluto nero. Bottoni in passamaneria di cotone. Fodera in seta nera.
Etichetta: "Givenchy Nouvelle Boutique Made in France Paris".
Collezione Audrey Hepburn, Tolochenaz.
■ *1989. Coat in black wool. Double-breasted with half-belt. Collar and pockets in black velvet. Buttons in cotton braid. Black silk lining.*
Label: "Givenchy Nouvelle Boutique Paris Made in France".
Audrey Hepburn Estate, Tolochenaz.

36
1990. Tailleur in lana diagonale verde bosco. Giacca con maniche increspate. Revers e patte delle tasche in velluto nero. Gonna di linea morbida. Fodera in seta verde.
Etichetta giacca: "Givenchy 5 Made in France". Etichetta gonna: "Givenchy 5 Paris, Swisse Made".
Collezione Audrey Hepburn, Tolochenaz
■ *1990. Suit in twill of wood-green wool. Jacket with gathered sleeves. Revers and pockets in black velvet. Skirt with a soft line. Green silk lining.*

Label on jacket: "Givenchy 5 Made in France". Label on skirt: "Givenchy 5 Paris, Swiss Made".
Audrey Hepburn Estate, Tolochenaz.

37
1990. Trench in tela di lino bianca, lungo alla caviglia.
Etichetta : "Ralph Lauren. Made in USA".
Collezione Audrey Hepburn, Tolochenaz.
■ *1990. Trench coat in white linen, ankle length.*
Label: "Ralph Lauren. Made in USA".
Audrey Hepburn Estate, Tolochenaz.

38
1992. Abito in maglia di lana nel colore bianco a maniche lunghe e vita bassa con collo alto. Chiusura dorsale a bottoni rotondi. Fodera in seta.
Collezione Audrey Hepburn, Tolochenaz.
■ *1992. Dress in white knitted woollen fabric. Long-sleeved, low-waisted, with a high collar. Fastened with round buttons. Silk lining.*
Audrey Hepburn Estate, Tolochenaz.

39
1992. Abito in maglia di lana color marron glacé a maniche lunghe e vita bassa con collo alto. Chiusura dorsale a bottoni rotondi. Fodera in seta.
Collezione Audrey Hepburn, Tolochenaz.
■ *1992. Dress in marron glacé coloured knitted woollen fabric. Long-sleeved, low-waisted, with a high collar. Fastened with round buttons. Silk lining.*
Audrey Hepburn Estate, Tolochenaz.

40-41

Anni Cinquanta.
Maglia di cotone rossa
a maniche lunghe
incrociata sul davanti.
Anche in nero.
Collezione Audrey
Hepburn, Tolochenaz.

■ *1950s. Crossed red
cotton pullover with
long sleeves. Another
in black cotton.
Audrey Hepburn Estate,
Tolochenaz.*

42-43

1953. Maglia a maniche
lunghe con scollo a
barca in lana rosa a
righe ocra. Anche nella
variante in lana azzurra
a righe gialle.
Etichetta: "Made in Italy
by Emilio Capri".
Archivio Emilio Pucci,
Firenze.

■ *1953. Pullover in pink
wool with ochre stripes.
Long sleeves. Shallow
collar. Another in light-
blue wool with yellow
stripes.
Label: "Made in Italy
by Emilio Capri".
Emilio Pucci Archive,
Florence.*

44-45

1954. Maglione a collo
alto in due toni di viola.
Anche nella variante in
viola e rosa ciclamino.
Etichetta: "Made in Italy
by Emilio Capri".
Archivio Emilio Pucci,
Firenze.

■ *1954. Pullover with
high collar in two
shades of violet.
Another in violet and
cyclamen pink.
Label: "Made in Italy
by Emilio Capri".
Emilio Pucci Archive,
Florence.*

46-47

1954. Shorts in seta
stampata con le scritte
"Capri" e "Emilio"
in seta rosa chiaro.
Anche nella variante
in azzurro.

Etichetta: "Made in Italy
by Emilio Capri".
Archivio Emilio Pucci,
Firenze.

■ *1954. Shorts in
printed silk with the
words "Capri" and
"Emilio" in light pink silk.
Another in light blue
silk.
Label: "Made in Italy by
Emilio Capri".
Emilio Pucci Archive,
Florence.*

48

1954. Camicia in cotone
grigio scuro.
Etichetta: "Emilio
Pucci".
Archivio Emilio Pucci,
Firenze.

■ *1954. Shirt in dark
grey cotton.
Label: "Emilio Pucci".
Emilio Pucci Archive,
Florence.*

49

1954. Camicia in
shantung di seta
azzurro.
Etichetta: "Made in Italy
by Emilio Capri".
Archivio Emilio Pucci,
Firenze.

■ *1954. Shirt in light-
blue silk shantung.
Label: "Made in Italy
by Emilio Capri".
Emilio Pucci Archive,
Florence.*

50

1964. Camicia in batista
di cotone bianco con
decorazione a plissé e
merletti. Collo rotondo
rifinito in merletto San
Gallo.
Collezione Audrey
Hepburn, Tolochenaz.

■ *1964. Shirt in white
cotton batiste
decorated à plissé and
with lace. Rounded
collar trimmed in San
Gallo lace.
Audrey Hepburn Estate,
Tolochenaz.*

51

Primavera-estate 1969.
Stola in organza di seta
gialla con bordo a
festone su tulle con
fiori di seta.
La stola è una
creazione di Valentino.
Collezione Audrey
Hepburn, Tolochenaz.
■ *Spring-Summer 1969.*
Silk organdie stole with
scalloped edge on tulle
with silk flowers.
The stole was created
by Valentino.
Audrey Hepburn
Estate, Tolochenaz.

52

1979. Mantella a
pipistrello in velluto
nero con collo a ruche.
Nappe terminali in seta
e jais.
Senza etichetta.
Collezione Audrey
Hepburn, Tolochenaz.

■ *1979. Black velvet*
mantle with ruche
collar. Tassels in silk
and jais.
Unlabeled.
Audrey Hepburn
Estate, Tolochenaz.

53

1979. Maglia senza
maniche interamente
ricoperta di paillettes
colorate lavorate
all'uncinetto.
Collezione Audrey
Hepburn, Tolochenaz.
■ *1979. Sleeveless*
pullover covered with
coloured paillettes in
crochet work.
Audrey Hepburn
Estate, Tolochenaz.

54

1987. Bolero a maniche
corte in organza di
seta rosa shocking con
ricamo alle maniche e
ai bordi in jais in
plastica neri a goccia
e a cannuccia.
Collezione Audrey
Hepburn, Tolochenaz.
■ *1987. Bolero in*
shocking pink silk
organdie. Embroidered
on the short sleeves
and edging in jais with
black plastic beads
and binding.
Audrey Hepburn
Estate, Tolochenaz.

55

1987. Bolero in velluto
a maniche lunghe
ricamato con jais.
Fodera in seta nera.
Collezione Audrey
Hepburn, Tolochenaz.
■ *1987. Black velvet*
bolero with long
sleeves embroidered
with jais. Lined with
black silk.
Audrey Hepburn
Estate, Tolochenaz.

56

1987. Giacca corta
senza collo e chiusura
con un solo gancio.
In tessuto di lana nero
con bordi al collo
e ai polsi in satin.
Fodera in seta nera.
Etichetta: "Made in
France, Givenchy
Nouvelle Boutique
Paris".
Collezione Audrey
Hepburn, Tolochenaz.
■ *1987. Short jacket,*
collarless. Fastened
with a single hook.
In black wool fabric,
with satin edging at
neckline and cuffs.
Black silk lining.
Label: "Made in
France, Givenchy
Nouvelle Boutique
Paris".
Audrey Hepburn
Estate, Tolochenaz.

57

1993. Giacca in gros
bianco a girocollo
chiusa da tre bottoni
neri con asole in gros
nero. Decorazione a tre
bottoni e asole nere
anche alle maniche.
Etichetta: "Givenchy
Made in France".
Collezione Audrey
Hepburn, Tolochenaz.
■ *1993. White silk gros*
jacket closed with three
black buttons with
buttonholes. Decorated
with three buttons and
black buttonholes also
on the sleeves.
Label. "Givenchy Made
in France".
Audrey Hepburn
Estate, Tolochenaz.

cat. 53

Abiti da cocktail e da cena
Cocktail and dinner dresses

58

Autunno-inverno 1960-1961. Abito da cocktail con vita leggermente rialzata, sottolineata da una cintura in raso nero con fiocco. Bustino senza maniche, con scollatura ovale in raso nero lavorato a pois di velluto bordeaux e ricamato con jais e paillettes grigio antracite. Gonna in raso nero di linea morbida. Chiusura laterale a zip e ganci. Fodera in seta nera. Modello originale di Givenchy, indossato da Audrey Hepburn.
Archivio Givenchy, Parigi.

■ *Autumn-Winter 1960-1961. Cocktail dress. Waist slightly raised, emphasised by a black satin belt with bow. Sleeveless bodice, with oval neckline in black satin worked in wine-red dots and embroidered with charcoal-colour jais and paillettes. Fastened at the side with a zip and hooks-and-eyes. Lined with balck silk. Original model by Givenchy, worn by Audrey Hepburn.*
Givenchy Archive, Paris.

59

1962. Completo in seta ottoman nera, composto da giacca e abito.
Giacca con maniche tre quarti a kimono chiuse da un bottone a passamaneria e collo a revers. Abito scollato con bustino interamente ricamato da jais neri. Chiusura laterale a zip. Fodera in taffetas nero. Etichetta: "Givenchy

Paris, Made in France".
Hubert de Givenchy, Parigi.

■ *1962. Ensemble in black ottoman silk. Jacket with three-quarter kimono sleeves fastened with a braided button and collar à revers. Dress with a low neckline and bodice embroidered with black jais. Side fastening with zip. Black taffeta lining. Label: "Givenchy Paris, Made in France".*
Hubert de Givenchy, Paris.

60

Primavera-estate 1963. Abito in crêpe di seta nero senza maniche, con scollatura a barchetta. Motivo decorativo di due bottoni alle spalle. Cintura a coulisse, gonna morbida. Chiusura a ganci. Fodera in chiffon nero. Creato da Ginvenchy ma senza etichetta.
Hubert de Givenchy, Parigi.

■ *Spring-Summer 1963. Dress in black silk crêpe. Sleeveless, with shallow neckline. Two buttons on shoulder straps as a decorative motif. Belt à coulisse, soft skirt. Closed with hooks-and-eyes. Lining in black chiffon. Created by Givenchy, but unlabeled.*
Hubert de Givenchy, Paris.

61

Primavera-estate 1968. Abito senza maniche in tessuto satin cloquée blu cielo. Collo increspato. Frange di seta blu cielo all'orlo. Cintura alla vita. Chiusura dorsale asimmetrica senza

ganci. Apertura a spacco sulla schiena. Realizzato da Givenchy.
Hubert de Givenchy, Parigi.

■ *Spring-Summer 1968. Dress in sky-blue cloquée satin, sleeveless, belted at the waist and gathered at the neck. Sky-blue silk fringes at the hem. Back opened. Made by Givenchy.*
Hubert de Givenchy, Paris.

62

1968. Abito senza maniche in crêpe nero, bordato al collo e all'orlo con piume. Vita leggermente alta. Chiusura laterale con automatici. Cintura alla vita in raso nero. Senza etichetta ma è una creazione di Givenchy.
Hubert de Givenchy, Parigi.

■ *1968. Dress in black crêpe, sleeveless, edged at neck and hem with feathers. Slightly raised waist. Fastened at side with press studs. Belted with black satin. Unlabeled, but created by Givenchy.*
Hubert de Givenchy, Paris.

63

Primavera-estate 1968. Abito in organza bianca con applicazioni di fiorellini, illuminati da perline e strass, che fanno bordura diradandosi in maniera irregolare. La manica è lunga, con alto spacco stondato e con una ruche plissé. La linea dell'abito è scivolata e la gonna leggermente svasata. Tessuto Forneris. Etichetta: "Valentino". Bibliografia: *Valentino.*

Trent'anni di magia. Le opere, Milano 1991, mod. 198, cat. 53, p. 80.
Archivio Valentino, Roma.

■ *Spring-Summer 1968. Dress in white organdie with applied flowers, studded with beads and strass to form a patterned edging. Long sleeves with high shaped vent and ruche plissé. Slightly flared skirt. Forneris fabric. Label: "Valentino". Bibliography: Valentino. Trent'anni di magia. Le opere, Milan 1991, mod. 198, cat. 53, p. 80.*
Valentino Archive, Rome.

64

Primavera-estate 1968. Giacca da sera in velluto nero, di linea svasata, con un ricamo a disegno floreale in filo di seta color crema, oro, verde chiaro e verde scuro, perline policrome, paillettes celesti e strass. Etichetta: "Valentino". Bibliografia: *Valentino. Trent'anni di magia. Le opere*, Milano 1991, mod. 160, cat. 62, p. 83.
Archivio Valentino, Roma.

■ *Spring-Summer 1968. Evening jacket, flared. Embroidered with a floral motif in silk thread, coloured cream, gold, light and dark green, with polychrome beads, sky-blue paillettes and strass. Label: "Valentino". Bibliography: Valentino. Trent'anni di magia. Le opere, Milan 1991, mod. 160, cat. 62, p. 83.*
Valentino Archive, Rome.

cat. 59

65

Primavera-estate 1970.
Completo pantalone in
satin rosso bordeaux
foderato di crêpe;
giacca a revers
monopetto chiusa con
tre bottoni. Pantaloni
larghi.
Etichetta: "Valentino
Couture".
Collezione Audrey
Hepburn, Tolochenaz.

■ *Spring-Summer 1970.*
Trouser suit in wine-red
satin lined with crêpe.
Single-breasted jacket
à revers fastened with
three buttons. Loose
trousers.
Label: "Valentino
Couture".
Audrey Hepburn Estate,
Tolochenaz.

66

1976. Abito con
scollatura ovale.
Vita leggermente alta.
Bustino in jersey di seta
decorato da ghiande
in passamaneria nera.
Cintura alla vita alta
in soutache nero
e ghiande foderata
di pelle.
La gonna è in crêpe
di seta in sbieco
stampata a disegno
geometrico nero e
rosso. Fodera in
organza di seta. Stola
doppia nello stesso
tessuto stampato con
frange di seta bicolori.
Collezione Audrey
Hepburn, Tolochenaz.

■ *1976. Dress with oval*
neckline. Slightly raised
waist. Bodice in silk
jersey decorated with
black braid tassels.
Belted waist in black
soutache and tassels
lined with leather.
The skirt is in silk crêpe
printed with a black and
red geometrical pattern.
Silk organdie lining.
Double stole in the
same printed fabric,
with two-tone silk fringe.
Audrey Hepburn Estate,
Tolochenaz.

67

1977. Abito senza
maniche con scollo a V
chiuso da zip e ganci
dorsali. Il busto è in
pizzo di seta foderato di
chiffon nero. La gonna

è in damasco di seta
con doppia sottogonna,
in pizzo e chiffon.
La gonna è plissettata.
Etichetta: "André Laug,
Roma".
Collezione Audrey
Hepburn, Tolochenaz.

■ *1977. Dress with*
V-neckline, fastened
with a zip and hooks-
and-eyes at side.
Sleeveless. The bodice
is in silk lace lined with
black chiffon. Silk
damask skirt with
a double underskirt,
in lace and chiffon.
The skirt is pleated.
Label: "André Laug,
Roma".
Audrey Hepburn Estate,
Tolochenaz.

68

1985. Abito corto di
linea diritta a girocollo
in velluto nero con
maniche in taffetas
nero e applicazioni
di fiori in seta rossa e
velluto nero con strass
centrale. Fodera
in seta nera.
Etichetta: "Givenchy
Nouvelle Boutique
Paris".
Collezione Audrey
Hepburn, Tolochenaz.

■ *1985. Short straight-*
cut dress in black
velvet with polo neck
and black taffeta
sleeves. Applied
flowers in red silk
and black velvet with
strass in the middle.
Black silk lining.
Label: "Givenchy
Nouvelle Boutique
Paris".
Audrey Hepburn Estate,
Tolochenaz.

69

1986. Tailleur in raso
nero con giacca
a revers chiusa
da un bottone gioiello
di metallo, argento
e strass. Gonna
a portafoglio. Fodera
in seta nera.
Etichetta: "Made in
France, Saint Laurent,
Rive Gauche, Paris".
Collezione Audrey
Hepburn, Tolochenaz.

■ *1986. Tailored suit in*
black satin with jacket
à revers fastened by
a metal jewel-button

in silver and strass.
Wraparound skirt.
Black silk lining.
Label: "Made in France,
Saint Laurent, Rive
Gauche, Paris".
Audrey Hepburn Estate,
Tolochenaz.

70
1987. Abito a maniche
lunghe in seta nera
operata a piccoli fiori
rossi. Scollatura
rotonda. Dalla vita
partono due balze
increspate a palloncino
con grande fiocco di
velluto nero. Cintura alla
vita in velluto nero con
fibbia in strass neri.
Fodera in seta nera.
Etichetta: "Givenchy".
Collezione Audrey
Hepburn, Tolochenaz.
■ *1987. Dress with long*
sleeves in black silk
worked with small red
flowers. Rounded
neckline. Two flounces
gathered at the waist
with a big black velvet
ribbon. Belt in black
velvet with clasp of
black strass. Black
silk lining.
Label: "Givenchy".
Collection: Audrey
Hepburn, Tolochenaz.

71
1988. Abito corto in
seta stampata a disegni
floreali bianchi e neri a
maniche lunghe e
scollo leggermente
ovale. Fodera in
organza bianca.
Etichetta: "Givenchy
Made in France".
Collezione Audrey
Hepburn, Tolochenaz.
■ *1988. Short dress in*
silk printed with black
and white floral
patterns. Long sleeves
and slightly oval
neckline. White
organdie lining.
Label: "Givenchy Made
in France".
Audrey Hepburn Estate,
Tolochenaz.

72
1989. Abito in merletto
nero a girocollo.
Maniche tre quarti con
alta balza in organza
nera decorata da rosa
in organza. Fodera in
chiffon nero.

Collezione Audrey
Hepburn, Tolochenaz.
■ *1989. Dress in black*
lace with polo neck.
Three-quarter puff
sleeves with high
flounces in black
organdie, decorated
with an organdie rose.
Black chiffon lining.
Audrey Hepburn Estate,
Tolochenaz.

73
1991. Abito in organza
nera con pannello
dorsale e maniche
lunghe.
Etichetta: "Givenchy
Couture".
Collezione Audrey
Hepburn, Tolochenaz.
■ *1991. Dress in black*
organdie with back
panel and long sleeves.
Label: "Givenchy
Couture".
Audrey Hepburn Estate,
Tolochenaz.

cat. 64

74

Primavera-estate 1963. Abito senza maniche con scollatura ovale e taglio alla vita. Tessuto in tulle doppiato e ricamato in perline di plastica bianche e strass con effetto pois. Bordo a ruche ricamato con perline e pietre di plastica bianche, cannucce di plastica trasparente e strass. Fodera in organza bianca. Chiusura laterale a zip. Senza etichetta, ma è di Givenchy. Principessa Natalia Strozzi, Firenze.

■ *Spring-Summer 1963. Sleeveless dress, with oval neckline and waistline. Double tulle embroidered with white plastic beads and strass to give a polka-dot effect. Ruche edging embroidered with white plastic beads and stones, transparent plastic binding and strass. White organdie lining. Zip fastener at side. Unlabeled, but created by Givenchy. Princess Natalia Strozzi, Florence.*

75

1968. Abito in crêpe di seta avorio con bustino a vita leggermente alta interamente ricamato di paillettes dorate, argento, avorio, bianche e verde acqua. Applicazioni di fiori in seta a cinque petali con pistilli in strass dorati e bianchi. Scollatura quadrata e spalline larghe. Bolero senza maniche di taglio asimmetrico nello stesso tessuto. Etichetta: "Givenchy Paris Made in France". Hubert de Givenchy, Parigi.

■ *1968. Dress in ivory silk crêpe. Bodice with raised waist, wholly embroidered with golden, silver, ivory, white and green paillettes. Applications in silk of five-petalled flowers with pistels in golden and white strass. Square neckline and large shoulder straps. Sleeveless bolero cut asymmetrically in the same material. Label: "Givenchy Paris Made in France". Hubert de Givenchy, Paris.*

76

Primavera-estate 1969. Abito a vita alta in stile tardo impero, realizzato in tulle bianco ricamato con perline a effetto point d'esprit: il collo è formato da due balze di volant, la manica, ottocentesca, termina con polsi a ruche come la doppia balza sul fondo della gonna. Abito indossato da Audrey Hepburn per il Ballo Proust. Etichetta: "Valentino". Bibliografia: *Valentino. Trent'anni di magia. Le opere*, Milano 1991, mod. 318, cat. 73, p. 92. Archivio Valentino, Roma.

■ *Spring-Summer 1969. High-waisted dress in late empire style, in white tulle embroidered with beads to create a point d'esprit effect. Collar with two flounces of volant. The sleeves terminate in ruche cuffs in nineteenth-century style, like the double flounce at the bottom of the skirt. Dress worn by Audrey Hepburn to the Proust Ball. Label: "Valentino". Bibliography: Valentino. Trent'anni di magia. Le opere, Milan 1991, mod. 318, cat. 73, p. 92. Valentino Archive, Roma.*

77

Primavera-estate 1969. Pijama da sera in chiffon bianco con ricami di piccole perline e canutiglie che disegnano fiori e foglie sulla tunica lunga con scollatura a barchetta e maniche dai polsi a volant. I pantaloni, leggermente svasati in fondo, sono centinati da preziosi ricami; una fusciacca in seta bianca completa l'insieme. Etichetta: "Valentino". Bibliografia: *Valentino. Trent'anni di magia. Le opere*, Milano 1991, mod. 268, cat. 74, p. 92. Archivio Valentino, Roma.

■ *Spring-Summer 1969. Pyjama in white silk chiffon with embroidery of beads and tinsel forming flowers and foliage on the long tunic, with shallow cuffs with volants. The trousers are slight flared below, decorated with embroidery. A white silk sash completes the ensemble. Label: "Valentino". Bibliography: Valentino. Trent'anni di magia. Le opere, Milan 1991, mod. 268, cat. 74, p. 92. Valentino Archive, Rome.*

78

1970. Abito in organza verde mare con collo a camicia abbottonato davanti. Etichetta: "Givenchy Paris Made in France". Collezione Audrey Hepburn, Tolochenaz.

■ *1970. Dress in sea-green organdie with shirt collar buttoned in front. Label: "Givenchy Paris Made in France". Audrey Hepburn Estate, Tolochenaz.*

79

Primavera-estate 1971. Abito da sera in organza gialla stampata a mazzi di mimose; il grande volant accompagna la scollatura, abbraccia le spalle e fa da bordura alla gonna svasata di sapore ottocentesco. Tessuto Bises. Mimose alla vita. Etichetta: "Valentino Couture". Bibliografia: *Valentino. Trent'anni di magia. Le opere*, Milano 1991, mod. 278, cat. 90, p. 107. Archivio Valentino, Roma.

■ *Spring-Summer 1971. Evening dress in yellow organdie printed with a mimosa pattern: the volant follows the neckline and shoulder straps and edges the flared skirt in nineteenth-century style. Bises fabric. Mimosa decoration at the waist. Label: "Valentino Couture". Bibliography: Valentino. Trent'anni di magia. Le opere, Milan 1991, mod. 278, cat. 90, p. 107. Valentino Archive, Rome.*

80

Primavera-estate 1971. Abito in organza nera stampata a ciliegie e mazzi di margherite; il grande volant, profilato con nastrino di seta rosso, accompagna la scollatura a barca e abbraccia le spalle. Gonna svasata con alto volant all'orlo che sale sul davanti. Cintura in raso nero a fiocco (mancante). Etichetta: "Valentino Couture". Mod. 278. Archivio Valentino, Roma. Donazione Audrey Hepburn.

■ *Spring-Summer 1971. Dress in black*

cat. 95

organdie printed with cherries and bunches of daisies. The large volant, profiled with a red silk ribbon, follows the shallow neckline and shoulder straps. Flared skirt with a tall volant at the hem, rising in front. Black satin ribbon belt (missing).
Label: "Valentino Couture". Mod. 278. Valentino Archive, Rome. Gift of Audrey Hepburn.

81

Primavera-estate 1973. Abito da sera in chiffon lilla a pois avorio, maniche lunghe sblusate con polsino. Scollatura a V arricciata al seno e ornata da fiore. Gonna a tre balze plissé orlate con piccole ruche. Cintura in velluto doppiato in chiffon legata a fiocco.
Etichetta: "Valentino Roma". Mod. 266. Archivio Valentino, Roma. Donazione Audrey Hepburn.
■ *Spring-Summer 1973. Evening dress in lilac chiffon with ivory polka dots. Long blouse-sleeves with cuffs. V-neckline, gathered at the breasts and decorated with flowers. Plissé skirt with three flounces edged with small ruches. Belt in velvet doubled in chiffon and fastened with a ribbon.*
Label: "Valentino Roma". Mod. 266. Valentino Archive, Rome. Gift of Audrey Hepburn.

82

Autunno-inverno 1972-1973. Abito scollato a spallini in crêpe di seta nero, tagliato alla vita. Gonna di linea leggermente svasata con balza in crêpe nero, foderata di una ruche in chiffon a righe rosse, turchesi, rosa, marroni e verdi. Collezione 'Baiadera'. Etichetta: "Valentino Couture".

Collezione Audrey Hepburn, Tolochenaz.
■ *Autumn-Winter 1972-1973. Dress with low neckline and black silk crêpe shoulder straps, shaped at the waist. Slightly flared skirt with flounce in black crêpe, lined with striped chiffon ruche in red, turquoise, pink, brown and green. 'Baiadera' Collection.*
Label: "Valentino Couture".
Audrey Hepburn Estate, Tolochenaz.

83

1981. Completo costituito da camicia in organza bianca con scollatura ovale, chiusa frontalmente da bottoni ricoperti nello stesso tessuto. Il grande volant accompagna la scollatura e abbraccia le spalle, formando la manica. Gonna lunga a portafoglio in tessuto garzato di seta nera con cintura da legare lateralmente alla vita.
Etichetta: "Givenchy Nouvelle Boutique, Paris. Made in France".
Collezione Audrey Hepburn, Tolochenaz.
■ *1981. Ensemble with a white organdie blouse and oval neckline, fastened in front with buttons covered in the same material. The large volant follows the neckline and shoulder straps, forming the sleeves. Long wraparound skirt in black silk gauze with belt fastened at side of waist.*
Label: "Givenchy Nouvelle Boutique, Paris. Made in France".
Audrey Hepburn Estate, Tolochenaz.

84

1982. Abito lungo senza maniche drappeggiato in organza di seta nera operata a pois e decorato lateralmente da una rosa applicata in organza rosa intenso. Chiusura

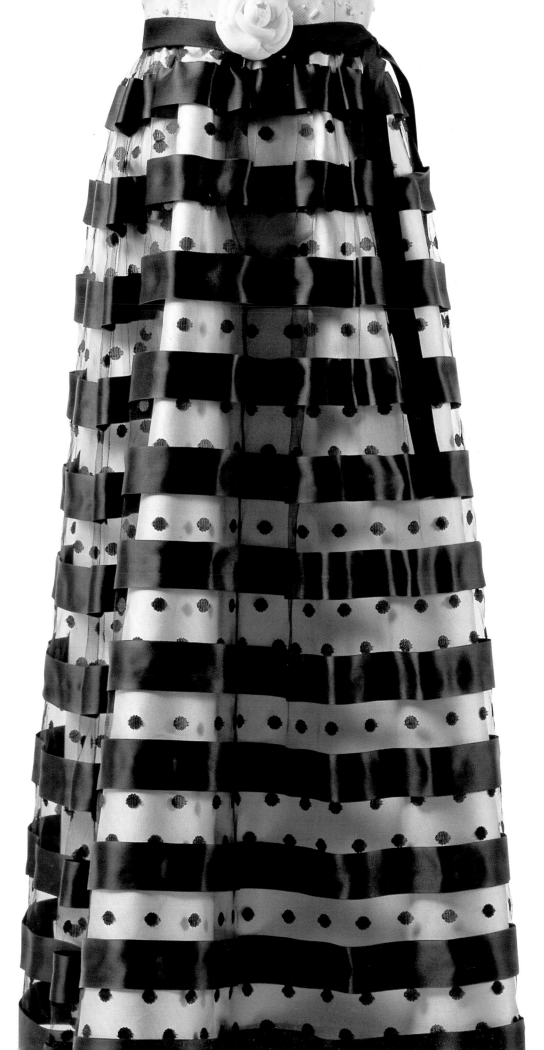

cat. 96

laterale a ganci.
Etichetta: "Givenchy
Made in France".
Hubert de Givenchy,
Parigi.

■ *1982. Long
sleeveless dress
draped in black silk
organdie worked to
give a polka-dot effect
and decorated at the
side with applied rose
of bright pink organdie.
Side fastening with
hooks-and-eyes.
Label: "Givenchy Made
in France".
Hubert de Givenchy,
Paris.*

85
1985. Abito lungo da
sera in velluto nero con
cintura in vita in satin
nero. Maniche mezze
in raso rosso con bordi
e spalline in velluto
nero ricamato di strass
e pendenti neri e rossi.
Chiusura a ganci.
Fodera in seta.
Etichetta: "Givenchy
Nouvelle Boutique,
Paris Made in France".
Hubert de Givenchy,
Parigi.

■ *1985. Long evening
dress in black velvet with
black satin belt at waist.
Half-sleeves in red satin
with edges and shoulder
straps in black velvet
embroidered with strass,
black and red pendents.
Fastened with hooks-
and-eyes. Silk lining.
Label: "Givenchy
Nouvelle Boutique,
Paris Made in France".
Hubert de Givenchy,
Paris.*

86
1985. Abito in crêpe di
seta rosso a maniche
lunghe e strette chiuse
ai polsi da bottoni
fasciati. Scollatura
rotonda a girocollo.
Cintura in vita. Fascio
di pieghe plissé sul
lato sinistro. Chiusura
dorsale a zip. Fodera
in seta.
Indossato da Audrey
Hepburn per il
matrimonio del figlio
Sean Ferrer.
Etichetta: "André Laug
pour Laurel SAS Roma
Made in Italy".
Collezione Audrey

Hepburn, Tolochenaz.

■ *1985. Red silk crêpe
with long, narrow
sleeves fastened at
cuffs by covered
buttons. Polo neck.
Belted waist. Pleats at
left side. Back fastened
with a zip. Silk lining.
Worn by Audrey
Hepburn to the
marriage of her son
Sean Ferrer.
Label: "André Laug
pour Laurel SAS Roma
Made in Italy".
Audrey Hepburn
Estate, Tolochenaz.*

87
1985. Abito in crêpe di
seta nero con maniche
mezze a prosciutto.
Scollatura rotonda a
girocollo. Fascio di
pieghe plissé sul lato
sinistro. Chiusura
dorsale a zip dorsale.
Fodera in seta.
Etichetta: "André Laug
pour Laurel SAS Roma
Made in Italy".
Collezione Audrey
Hepburn, Tolochenaz.

■ *1985. Black silk
crêpe dress with
balloon half-sleeves.
Polo neck. Band of
pleats at the left side.
Back fastened with
a zip. Silk lining.
Label: "André Laug
pour Laurel SAS Roma
Made in Italy".
Audrey Hepburn
Estate, Tolochenaz.*

88
1987. Abito senza
maniche e senza
spalline in organza di
seta nera con balza
sulla gonna che forma
fiocco dorsale. Chiusura
a zip. Completato da
bolero in velluto nero
a mezze maniche,
guarnito di pietre e
perline di porcellana
bianca. Entrambi senza
etichetta, ma sono
creazioni di Givenchy.
Indossato da Audrey
Hepburn in una serata
come ospite di onore al
Museum of Modern Art
a New York.
Hubert de Givenchy,
Parigi (l'abito).
Collezione Audrey
Hepburn, Tolochenaz
(il bolero).

■ *1987. Sleeveless dress in black silk organdie with flounce on the skirt, forming a back bow. Zip fastener.*
Worn by Audrey Hepburn for an evening as guest of honour at the Museum of Modern Art, New York. Bolero in black velvet with half-sleeves, decorated with white porcelain beads and stones. Both unlabeled, but creations of Givenchy.
Hubert de Givenchy, Paris (the dress).
Audrey Hepburn Estate, Tolochenaz (the bolero).

89

1988. Abito senza maniche e spalline in organza di seta bianca a righe e pois neri. Bustino decorato da ruche e gonna a balze alternate a righe e pois. Fascia in organza di seta bianca a righe. Chiusura a zip. Fodera in seta. Non ha etichetta, ma è opera di Givenchy.
Hubert de Ginvenchy, Parigi.
■ *1988. Sleeveless dress in white organdie with black dots and stripes. Bodice decorated with ruches and skirt with flounces alternating with stripes and dots. White striped organdie sash. Zip fastener. Silk lining. Unlabeled but created by Givenchy.*
Hubert de Givenchy, Paris.

90-91

1990. Abito a maniche lunghe di linea diritta in satin nero con scollo rotondo a giro. Chiusura dorsale a zip e ganci. Fodera in organza. Anche nella variante in satin avorio. Etichetta: "Givenchy Made in France". Collezione Audrey Hepburn, Tolochenaz.
■ *1990. Long-sleeved straight-cut dress in black satin with polo neck. Fastened behind with zip and hooks-and-eyes. Organdie lining. Another in ivory satin.*
Label: "Givenchy Made in France".
Audrey Hepburn Estate, Tolochenaz.

92

1991. Abito in organza nera con scollatura rotonda a giro e maniche lunghe bordate da ruche. Scollatura dorsale ovale da cui parte drappeggio a mantello. Orlo bordato da ruche. Gardenia bianca in seta che decora la spalla sinistra. Chiusura a ganci. Fodera in crêpe nero. Etichetta: "Givenchy". Collezione Audrey Hepburn, Tolochenaz.
■ *1991. Dress in black organdie with rounded neckline and long sleeves edged with ruches. Oval neckline at back, with mantle attached. Edged with ruches. Left shoulder decorated with white silk gardenia. Fastened with hooks-and-eyes. Black crêpe lining.*
Label: "Givenchy".
Audrey Hepburn Estate, Tolochenaz.

93

1991. Abito in organza rossa con scollatura rotonda a giro e maniche lunghe bordate da ruche. Scollatura dorsale ovale da cui parte drappeggio a mantello. Orlo bordato da ruche. Chiusura a ganci. Fodera in crêpe rosso. Etichetta: "Givenchy". Collezione Audrey Hepburn, Tolochenaz.
■ *1991. Dress in red organdie with rounded neckline and long sleeves edged with ruches. Back oval neckline with mantle attached. Hem edged with ruches. Fastened with hooks-and-eyes. Red crêpe lining.*
Label: "Givenchy".
Audrey Hepburn Estate, Tolochenaz.

cat. 86. 87. 88

cat. 84

94

1991. Abito senza maniche e spalline in organza blu cielo. Bustino ricamato a disegno di rombi in cannucce di vero oro, azzurro, giallo, bianco e strass. Balza alla vita con cintura da legarsi a fiocco. Stola in organza nello stesso colore blu cielo. Chiusura a zip. Senza etichetta, ma è di Givenchy. Hubert de Givenchy, Parigi.

■ *1991. Sky-blue organdie dress without sleeves or shoulder straps. Bodice embroidered with lozenge pattern with binding in gold, light-blue, yellow, white and strass. Flounce at the waist, belt fastened with a bow. Organdie stole of the same light-blue colour. Zip fastener. Unlabeled. The dress was designed by Givenchy for Audrey Hepburn. Hubert de Givenchy, Paris.*

95

1992. Abito senza maniche e spalline in satin rosso porpora con bustino a vita alta, decorato da piume rosso porpora e nere e ricamato in plastica e paillettes bordeaux con cannucce di vetro nero. Chiusura dorsale a zip. Boa di piume rosso porpora e nere. Etichetta: "Givenchy Made in France". Hubert de Givenchy, Parigi.

■ *1992. Scarlet satin dress. Sleeveless, with a high-waisted bodice, decorated with scarlet and black feathers and embroidered in plastic and wine-red paillettes, with black glass binding. Fastened behind with a zip. Boa of scarlet and black feathers. Label: "Givenchy Made in France". Hubert de Givenchy, Paris.*

96

Luglio 1992. Abito con bustino girocollo in piquet bianco a mezze maniche, ricamato in pietre bianche. Gonna in tulle nero decorata da fasce di satin nero che formano righe e pois. Chiusura a zip e ganci. Fodera in seta bianca. Etichetta: "Givenchy Made in France". Hubert de Givenchy, Parigi.

■ *July 1992. Dress with bodice, polo neck in white piquet and half-sleeves, embroidered with white stones. Skirt in black tulle decorated with black satin bands forming stripes and dots. Fastened with zip and hooks-and-eyes. Lined in white silk. Label: "Givenchy Made in France". Hubert de Givenchy, Paris.*

97

1992. Abito di linea leggermente svasata senza maniche e spalline in garza di seta nera. Bordo al seno in velluto nero ricamato in paillettes bianche e pois. Decorazione a gardenia bianca centrale in organza. Chiusura a ganci e zip. Fodera con bustino steccato in tulle e organza di seta nera. Senza etichetta, ma è di Givenchy. Marchesa Cristina Pucci di Barsento, Firenze.

■ *1992. Dress in black silk gauze, slightly flared, no sleeves or shoulder straps. Edging of the bodice in black velvet embroidered in white paillettes and dots. White organdie gardenia decoration. Fastened with zip and hooks-and-eyes. Lined with a whalebone bodice in tulle black silk organdie. Unlabeled, but created by Givenchy. Marchesa Cristina Pucci di Barsento, Florence.*

cat. 89
91. 93

cat. 95. 96. 97

Abiti da cerimonia
Full Dress

98

25 settembre 1954.
Abito da sposa corto
in organza di seta
bianca con colletto
tondo, abbottonato
davanti, con maniche
a palloncino tre quarti,
chiuse sotto il gomito;
gonna tagliata in
sbieco increspata
alla vita con cintura
nello stesso tessuto.
L'abito fu realizzato
da Givenchy per il
matrimonio di Audrey
Hepburn con Mel
Ferrer.
Collezione Audrey
Hepburn, Tolochenaz.

■ *25 September 1954.*
Short-skirted wedding
dress in white silk
organdie with rounded
collar, buttoned in front,
three-quarter puff
sleeves, gathered
below the elbow.
Skirt cut on the bias
and gathered at the
waist with belt of the
same material.
The dress was made
by Givenchy for
Audrey Hepburn's
wedding to Mel Ferrer.
Audrey Hepburn
Estate, Tolochenaz.

99

17 luglio 1960.
Abito da cerimonia
in organza di seta
avorio con scollatura
ovale e maniche corte
a kimono. Vita
leggermente alta
con cintura a coulisse
chiusa da fiocco.
Ricamo centrale con
motivo di rosa. Gonna
leggermente svasata
con doppia fodera di
garza di seta e taffetas.
L'abito venne realizzato
da Givenchy per il
battesimo di Sean,
figlio di Audrey
Hepburn e di Mel
Ferrer.
Etichetta: "Givenchy
Paris Made in France".
Collezione Audrey

Hepburn, Tolochenaz.

■ *17 July 1960. Formal*
dress in ivory-coloured
silk organdie with oval
neckline and short
kimono-style sleeves.
Slightly raised waistline
with belt à coulisse
fastened with a bow.
Embroidered with a
rose motif. Slightly
flared skirt, double
lined with silk gauze
and taffeta.
The dress was made
by Givenchy for the
baptism of Sean,
the child of Audrey
Hepburn and Mel
Ferrer.
Label: "Givenchy Paris
Made in France".
Audrey Hepburn
Estate, Tolochenaz.

100

Scarpe in organza
avorio. Fodera e
sottopiede in capretto
beige. Tacco basso.
Suola di cuoio.
Etichetta: "René
Mancini 20. Rue
Boccador. Paris.
Balzac 42-86".
Collezione Audrey
Hepburn, Tolochenaz.

■ *Shoes with ivory*
organdie. Lining and
sock in beige kid.
Low heel. Leather sole.
Label: "René Mancini
20. Rue Boccador.
Paris. Balzac 42-86".
Audrey Hepburn
Estate, Tolochenaz.

101

18 gennaio 1969.
Completo da sposa
composto da cappotto
e abito.
Cappotto doppiopetto
in twill di lana felpato
nel colore rosa pallido,
corto sopra il
ginocchio, privo di
collo, a vita alta.
Abito in jersey di
mohair e cashmere
più corto del soprabito
con collo alto, maniche
lunghe con polsi

increspati, vita alta con
cintura, agganciata
sul dietro.
È completato da un
copricapo a fazzoletto
agganciato sotto il
collo nello stesso
jersey del vestito.
Il completo fu
realizzato da Givenchy
per il matrimonio
di Audrey Hepburn
con Andrea Dotti.
Etichetta: "Givenchy".
Archivio della Western
Reserve Historical
Society, Cleveland.

■ *Wedding ensemble.*
Coat of pale pink
napped wool twill,
above-knee lenght,
double breasted,
raised waistline,
collarless.
Light pink mohair and
cashmere jersey dress,
slighty shorter than
jacket with high collar,
tight long slevees with
ruffle cuffs, raised
waist, narrow tie belt
tacked at center back.
The dress was created
by Givenchy for the
wedding of Audrey
Hepburn with Andrea
Dotti.
Label: "Givenchy".
Western Reserve
Historical Society
Collection, Cleveland.

Scarpe, borse, cappelli
Shoes, handbags, hats

102-103
1953. Sandalo con tomaia in rafia beige e blu. Intersuola a zeppa. Suola di cuoio. Lo stesso modello è anche in rafia rossa. Etichetta: "Pompeian designed by Ferragamo Florence-Italy".
Museo Salvatore Ferragamo, Firenze.

■ *1953. Sandal with upper in woven raffia, in natural color and dyed blue. Wedge heel. Leather sole. The same model is also in red raffia.*
Label: "Pompeian designed by Ferragamo Florence-Italy".
Museo Salvatore Ferragamo, Florence.

104
1954. Scarpa con tomaia intera di camoscio nero. Punta leggermente rialzata. Suola di cuoio. Dal 1950 Ferragamo adottò una tecnica particolare per la costruzione delle tomaie. Nacque la cosiddetta 'aquila' in un solo pezzo. Etichetta: "Ferragamo's creations Florence Italy".
Museo Salvatore Ferragamo, Firenze.

■ *1954. Black suede shoe. One piece upper. Slightly raised toe. Leather sole. In 1950 Ferragamo began to use a particular method of constructing the upper ('aquila') whereby only one piece of leather was used without seams.*
Label: "Ferragamo's creations Florence Italy".
Museo Salvatore Ferragamo, Florence.

105
1954. Scarpa con tomaia in camoscio rosso. Fiosso e tacco medio di legno ricoperto di camoscio. Suola di cuoio. Questo modello venne lanciato nel 1952 con il 'gloved arch', un nuovo genere di fiosso ricoperto dallo stesso pellame della tomaia. Etichetta: "Ferragamo's creations Florence Italy".
Museo Salvatore Ferragamo, Firenze.

■ *1954. Shoe with red suede upper. Arch and medium waisted heel covered with red suede. Leather sole. This model appeared in 1952 with the 'gloved arch', Ferragamo's method of covering the waist with the upper suede.*
Label: "Ferragamo's creations Florence Italy".
Museo Salvatore Ferragamo, Florence.

106
1954. Ballerina in camoscio nero con laccio chiuso da fibbia. Tacco basso ovale e suola a conchiglia derivata dall'opanke indiano. Etichetta: "Salvatore Ferragamo's creations Florence Italy".
Museo Salvatore Ferragamo, Firenze.

■ *1954. Ballerina shoe with black suede upper and kid strip closed by buckle. Low oval heel and 'shell' sole derived from Indian sole 'opanke'.*
Label: "Salvatore Ferragamo's creations Florence Italy".
Museo Salvatore Ferragamo, Florence.

107-108
1955. Sandalo con tomaia in capretto bianco. Tacco basso rotondo e suola di cuoio. Un modello simile è in capretto rosso.
Etichetta: "Leonardo by Ferragamo".
Museo Salvatore Ferragamo, Firenze.

■ *1955. Sandal with upper formed of white kid strips. Low oval heel and leather sole. A similar sandal is in red kid.*
Label: "Leonardo by Ferragamo".
Museo Salvatore Ferragamo, Florence.

109-118
1955-1965. Ballerine in capretto nei colori giallo, verde, azzurro, viola, rosso bordeaux, verde mela, rosa, giallo limone, nero, argento. Suola di cuoio.
Collezione Audrey Hepburn, Tolochenaz.

■ *1955-1965. Ballerina shoes. Kid upper in different colors: yellow, green, light blue, violet, bordeaux, apple green, pink, lemmon, black, silver. Leather sole.*
Audrey Hepburn Estate, Tolochenaz.

119
1957. Ballerina allacciata in camoscio nero. Suola a conchiglia e tacco in vitello rosso. Etichetta: "Ferragamo's creations Florence Italy".
Museo Salvatore Ferragamo, Firenze.

■ *1957. Laced ballerina shoe. Black suede upper. 'Shell' sole and covered heel in red calf.*
Label: "Ferragamo's creations Florence Italy".
Museo Salvatore Ferragamo, Florence.

120
1958. Ballerina in camoscio rosso e vernice nera. Tacco basso rotondo e suola di cuoio a conchiglia. Etichetta: "Ferragamo's creations Florence Italy".
Museo Salvatore Ferragamo, Firenze.

■ *1958. Ballerina shoe. Red suede upper and black patent. Low round heel and 'shell' sole' in leather.*
Label: "Ferragamo's creations Florence Italy".
Museo Salvatore Ferragamo, Florence.

121
1959. Scarpa in due pezzi in camoscio rosso. Tacco basso ovale e suola a conchiglia di cuoio. Etichetta: "Ferragamo's creations Florence Italy".
Museo Salvatore Ferragamo, Firenze.

■ *1959. Shoe in two pieces. Upper in red suede. Low oval heel and 'shell' sole in leather.*
Label: "Ferragamo's creations Florence Italy".
Museo Salvatore Ferragamo, Florence.

122
1959. Scarpa in camoscio bordeaux. Tacco alto e suola di cuoio. Etichetta: "Damina Italy Florence".
Museo Salvatore Ferragamo, Firenze.

■ *1959. Pump with suede upper. High heel and leather sole.*
Label: "Damina Italy Florence".
Museo Salvatore Ferragamo, Florence.

123
1965. Ballerina in camoscio nero profilata di vitello marrone. Tacco basso rotondo

cat. 102. 104
105. 124

e suola a conchiglia
in vitello.
Etichetta: "Salvatore
Ferragamo Florence
Italy".
Museo Salvatore
Ferragamo, Firenze.
■ *1965. Ballerina shoe.*
Black suede upper.
Brown calf binding.
Low round heel and
'shell' sole in leather.
Label: "Salvatore
Ferragamo Florence
Italy".
Museo Salvatore
Ferragamo, Florence.

124
1965. Ballerina in
tessuto di lana rosso
e nero. Tacco basso
e suola a conchiglia
in cuoio marrone scuro.
Etichetta: "Salvatore
Ferragamo Florence
Italy".
Museo Salvatore
Ferragamo, Firenze.
■ *1965. Ballerina shoe.*
Upper in red and black
woolen fabric. Low
round heel and sole
in dark brown leather.
Label: "Salvatore
Ferragamo Florence
Italy".
Museo Salvatore
Ferragamo, Florence.

125
1967. Scarpa scollata
in raso beige. Tacco
basso. Suola di cuoio.
Etichetta: "René
Mancini 20. Rue
Boccador. Paris".
Collezione Audrey
Hepburn, Tolochenaz.
■ *1967. Pump with*
beige satin upper. Low
heel and leather sole.
Label: "René Mancini
20. Rue Boccador.
Paris".
Audrey Hepburn
Estate, Tolochenaz.

126-127
1967. Scarpa con
tomaia in vitello bianco.
Tacco basso. Suola
di cuoio. Lo stesso
modello è in vitello
écru.
Etichetta: "René
Mancini 20. Rue
Boccador. Paris".
Collezione Audrey
Hepburn, Tolochenaz.
■ *1967. Pump with*
white calf upper.

Low heel. Leather sole.
The same model is
also in écru calf.
Label: "René Mancini
20. Rue Boccador.
Paris".
Audrey Hepburn
Estate, Tolochenaz.

128
1967. Scarpa con
tomaia in vitello beige.
Tacco basso. Suola
di cuoio.
Etichetta: "René
Mancini 20. Rue
Boccador. Paris".
Collezione Audrey
Hepburn, Tolochenaz.
■ *1967. Pump with*
beige calf upper. Low
heel. Leather sole.
Label: "René Mancini
20. Rue Boccador.
Paris".
Audrey Hepburn
Estate, Tolochenaz.

129
Primavera-estate 1983.
Mocassino in vitello
bianco e blu. Tacco
basso. Suola di cuoio.
Etichetta: "Boutique
Salvatore Ferragamo
Firenze made in Italy".
Collezione Audrey
Hepburn, Tolochenaz.
■ *Spring-Summer 1983.*
Mocassin with blue
and white calf upper.
Low heel. Leather sole.
Label: "Boutique
Salvatore Ferragamo
Firenze made in Italy".
Audrey Hepburn
Estate, Tolochenaz.

130
Primavera-estate 1984.
Mocassino in vitello
blu. Ornamento in
metallo e nappine.
Suola in cuoio.
Etichetta: "Boutique
Salvatore Ferragamo
Firenze made in Italy".
Collezione Audrey
Hepburn, Tolochenaz.
■ *Spring-Summer 1984.*
Mocassin in blue calf.
Metal ornament and
tassels. Leather sole.
Label: "Boutique
Salvatore Ferragamo
Firenze made in Italy".
Audrey Hepburn
Estate, Tolochenaz.

131
Autunno-inverno 1987-
1988. Mocassino con

cat. 106. 108. 119
120. 121. 123

nappine in vitello
marrone con suola in
para. Tacco basso.
Etichetta: "Boutique
Salvatore Ferragamo
Firenze made in Italy".
Collezione Audrey
Hepburn, Tolochenaz.
■ *Autumn-Winter 1987-
1988. Mocassin in
brown calf. Tassels on
the vamp. Low heel
and sole in rubber.
Label: "Boutique
Salvatore Ferragamo
Firenze made in Italy".
Audrey Hepburn
Estate, Tolochenaz.*

132-134

Anni Cinquanta. Beauty
case e due valigie in
cuoio e tela stampata
con il monogramma
"LV". Bordi in cuoio e
angoli in bronzo.
Beauty case senza
etichetta. Sulla
chiusura "Louis Vuitton
116322 Made in
France".
Etichetta sulle valigie:
"Louis Vuitton Ave.
Marceau 78 bis Paris
Nice Ave. De Suède".
Collezione Audrey
Hepburn, Tolochenaz.
■ *1950s. Vanity case
and two suitcases.
Monogrammed canvas,
"LV" stamped leather
trim, brass corners.
Vanity case without
label. On the lock:
"Louis Vuitton 116322
Made in France".
Label on the suitcases:
"Louis Vuitton Ave.
Marceau 78 bis Paris
Nice Ave. De Suède".
Audrey Hepburn
Estate, Tolochenaz.*

135

Fine anni Cinquanta.
Borsa in raso nero
con manico a catena
dorato. Cornice e
chiusura in metallo.
Iniziali "AFH" (Audrey
Ferrer Hepburn).
Fodera in seta.
Etichetta: "Henri Bétrix
702 Madison Ave.
N.Y.".
Collezione Audrey
Hepburn, Tolochenaz.
■ *Late 1950s. Bag in
black satin with gilt-
metal chain. Gilt-metal
frame and claps.
Initials "AFH" (Audrey*

*Ferrer Hepburn).
Silk lining.
Label: "Henri Bétrix
702 Madison Ave.
N.Y.".
Audrey Hepburn
Estate, Tolochenaz.*

136-138

Fine anni Cinquanta.
Borsa in coccodrillo
marrone con catena
in metallo dorato
(mancante). Chiusura
a molla in metallo.
Fodera di capretto
marrone. Anche
in coccodrillo beige
e in vernice nera.
Etichetta: "Germaine
Guérin 243 St.
Honoré".
Collezione Audrey
Hepburn, Tolochenaz.
■ *Late 1950s. Brown
crocodile bag with
gilt-metal chain (lost).
Gilt-metal claps.
Brown kid lining.
Also in beige crocodile
and in black patent.
Label: "Germaine
Guérin 243 St.
Honoré".
Audrey Hepburn
Estate, Tolochenaz.*

139-140

Fine anni Cinquanta.
Borsa in coccodrillo
nero con catena
in metallo dorato
(mancante). Chiusura
a molla in metallo.
Fodera di capretto
nero. Anche in seta
ottoman nera.
Etichetta: "Cartier Ltd.
London".
Collezione Audrey
Hepburn, Tolochenaz.
■ *Late 1950s. Black
crocodile bag with
gilt-metal chain (lost).
Gilt-metal claps.
Black kid lining. Also
in black ottoman silk.
Label: "Cartier Ltd.
London".
Audrey Hepburn
Estate, Tolochenaz.*

141

Fine anni Cinquanta.
Borsa in vitello nero
con catena in metallo
dorato (mancante).
Chiusura a molla
in metallo. Fodera
di capretto nero.
Etichetta: "Gucci".
Collezione Audrey

cat. 109-113

cat. 125. 127
128. 129. 130

Hepburn, Tolochenaz.
■ *Late 1950s. Black calf bag with gilt-metal chain (lost). Gilt-metal claps. Black kid lining. Label: "Gucci". Audrey Hepburn Estate, Tolochenaz.*

142-143

Primi anni Sessanta. Borsa Kelly in coccodrillo nero con rifiniture e chiusura in metallo. Fodera in capretto. Anche in coccodrillo marrone. Etichetta: "Hermès Paris".
Collezione Audrey Hepburn, Tolochenaz.
■ *Early 1960s. Black crocodile Kelly with gilt-metal fittings. Black kid lining. Also in brown crocodile. Label: "Hermès Paris". Audrey Hepburn Estate, Tolochenaz.*

144-145

1962. Borsa in lino blu con manico in plastica bianca. Fodera in capretto blu. Anche in lino nero e plastica nera.
Etichetta: "Givenchy".
Collezione Audrey Hepburn, Tolochenaz.
■ *1962. Hand-bag with flap in blue linen. Handle of white plastic. Blue kid lining. Also in black linen and black plastic. Etichetta: "Givenchy". Audrey Hepburn Estate, Tolochenaz.*

146

1963. Borsa in taffetas crema con manico di perle.
Etichetta: "Givenchy".
Collezione Audrey Hepburn, Tolochenaz.
■ *1963. Hand-bag with flap in cream taffeta. Handle with pearls. Label: "Givenchy". Audrey Hepburn Estate, Tolochenaz.*

147

1964. Borsa in lucertola nera a doppio manico. Ornamento e chiusura in metallo dorato con iniziali "AHF" (Audrey Hepburn Ferrer).

Fodera in vitello nero.
Collezione Audrey Hepburn, Tolochenaz.
■ *1964. Bag in black lizard with double handles. Gilt-metal ornament and claps with initials "AHF" (Audrey Hepburn Ferrer). Black calf lining. Audrey Hepburn Estate, Tolochenaz.*

148

1960. Decorazione per capelli formata da fiori in organza e velluto nero con piume dipinte in oro.
Collezione Audrey Hepburn, Tolochenaz.
■ *1960. Hair decoration. Black organdie and velvet flowers with gold painted feathers. Audrey Hepburn Estate, Tolochenaz.*

149

1968. Toque in paglia sintetica turchese. Fodera in bemberg nero.
Etichetta: "Cleo Romagnoli".
Collezione Audrey Hepburn, Tolochenaz.
■ *1968. Toque in turquoise synthetic straw. Black bemberg lining. Label: "Cleo Romagnoli". Audrey Hepburn Estate, Tolochenaz.*

150

1969. Toque in raso verde e velluto nero. Fodera in seta nera.
Collezione Audrey Hepburn, Tolochenaz.
■ *1969. Toque in green satin and black velvet. Black silk lining. Audrey Hepburn Estate, Tolochenaz.*

cat. 132-134. 136-141
143. 144. 146

cat. 148